高校体育教学理念及模式创新研究

张亚平 杨 龙 杜利军 著

中国商业出版社

图书在版编目（CIP）数据

高校体育教学理念及模式创新研究 / 张亚平，杨龙，杜利军著. —北京：中国商业出版社，2022.5
ISBN 978-7-5208-2047-9

Ⅰ.①高… Ⅱ.①张… ②杨… ③杜… Ⅲ.①体育教学－教学研究－高等学校 Ⅳ.①G807.4

中国版本图书馆CIP数据核字（2022）第079032号

责任编辑：滕　耘

中国商业出版社出版发行
（www.zgsycb.com　100053　北京广安门内报国寺1号）
总编室：010-63180647　编辑室：010-83118925
发行部：010-83120835/8286
新华书店经销
北京时捷印刷有限公司印刷

*

710毫米×1000毫米　16开　13.25印张　250千字
2022年5月第1版　2022年5月第1次印刷
定价：79.80元

*　*　*

（如有印装质量问题可更换）

前言

高校体育教学是我国高校教育的重要组成部分，在促进我国体育和教育事业发展、促进大学生健康全面发展等方面发挥着重要作用。在"健康第一""终身体育"等新的教学理念指导下，在"体育强国""全民健身"的体育梦想的促进下，高校体育面向最广大的受教育群体，肩负着促进大学生群体身心健康发展和社会性发展的重要责任。当前，面向新思想、新形势、新学生群体的体育教学，必须坚持改革与创新，才能更加科学地实现体育教育的多元教育功能，才能培养出适应现代社会发展的高素质人才。基于此，特撰写本书，以探索高校体育教学的科学育人和科学发展道路。

本书在撰写过程中力求突出以下特点：第一，科学严谨。本书对高校体育教学的创新研究是建立在对高校体育教学科学理论知识认知的基础上的，因此本书的研究比较科学严谨。第二，突出亮点，注重创新。体育教学创新必然是理念先行，新时期的体育教学创新理念对体育教学创新具有重要指导作用，对其进行研究具有重要的教育启发意义。第三，立足实际，时代性强。本书的研究立足当前高校体育教学实际，突出了体育教学创新的时代需求和发展特征。

综观本书，内容全面而翔实，对我国体育教学的创新与发展提出了多方面的创新性建议。本书对于我国体育教学改革的推进具有积极的促进作用，期望能够为相关专家和学者进行体育教学改革研究提供借鉴，为体育教学理论的发展提供学术价值。

本书由金华职业技术学院张亚平、克拉玛依职业技术学院杨龙和山西药科职业学院杜利军共同撰写。本书在撰写过程中，参阅了大量相关文献资料，在此向相关作者表示诚挚的谢意！同时，还得到了有关领导、同事和朋友的大力支持与帮助，在此致以衷心的感谢！

由于笔者的学识水平所限，书中难免存在欠缺或不当，敬请同行专家及读者指正，以便进一步完善提高。

作　者

2022 年 3 月

目 录

第一章　高校体育教学基础理论 ·· 1

　第一节　体育教学与高校体育教学 ·· 1

　第二节　高校体育教学的特点与目标 ·· 5

　第三节　高校体育教学的功能分析 ·· 11

第二章　高校体育教学内容与原则 ·· 14

　第一节　体育教学内容与原则概述 ·· 14

　第二节　体育教学内容的特性与选择 ·· 21

　第三节　体育教学资源的开发 ·· 31

　第四节　当前我国基本的体育教学原则 ·· 44

第三章　高校体育教学与学习的主体 ·· 52

　第一节　体育教师 ·· 52

　第二节　体育教师的教学素养与执教能力 ······································ 58

　第三节　学生 ·· 70

　第四节　学生的身心发展与体育学习 ·· 74

第四章　教育思想在高校体育教学中的应用 ·· 83

　第一节　人文教育思想在高校体育教学中的应用 ································ 83

　第二节　科学教育思想在高校体育教学中的应用 ································ 86

　第三节　"寓乐于体"教育思想在高校体育教学中的应用 ························ 89

　第四节　终身教育思想在高校体育教学中的应用 ································ 94

第五章　高校体育教育理念的发展与创新 ·· 99

　第一节　当前我国高校体育教育理念 ·· 99

第二节　高校体育教育理念的改革与创新……………………106
第三节　高校体育教育管理………………………………………108

第六章　高校体育教学理论方法及革新……………………………**112**
第一节　体育教学方法概述………………………………………112
第二节　传统体育教学方法及应用………………………………116
第三节　符合现代教育理念的体育教学方法……………………128
第四节　高校体育教学方法的发展与创新………………………131

第七章　游戏教学模式在高校体育教学中的实践与创新…………**137**
第一节　游戏教学模式在高校体育教学中应用的理论基础……137
第二节　游戏教学模式在高校体育教学中应用的实践创新……144

第八章　程序教学模式在高校体育教学中的实践与创新…………**151**
第一节　程序教学模式概述………………………………………151
第二节　程序教学模式的理论基础………………………………153
第三节　高校体育教学中程序教学模式的编制…………………157
第四节　程序教学模式在高校体育教学中的实践创新…………160

第九章　俱乐部体育教学模式在高校体育教学中的实践与创新…**166**
第一节　体育教学俱乐部理论……………………………………166
第二节　俱乐部体育教学模式的构建创新………………………170

第十章　多媒体网络体育教学模式在高校体育教学中的实践与创新…**188**
第一节　高校体育教学中多媒体技术的应用……………………188
第二节　高校体育教学中微课的应用……………………………191
第三节　高校体育教学中慕课的应用……………………………194
第四节　高校体育教学中翻转课堂的应用………………………196

参考文献………………………………………………………………**203**

第一章
高校体育教学基础理论

第一节 体育教学与高校体育教学

一、体育教学

（一）体育教学的相关概念

1. 体育教育

体育教育是指以身体活动为手段的教育，就是身体的教育。

2. 体育教学

学校体育目标的实现离不开体育教学这一基本组织形式，同时也是学校体育的一个重要组成部分。体育教学具有目的性、计划性和组织性，将相关知识与技能传授给学生，发展学生的智力，培养学生的品德，促进学生良好个性的形成，这个教育过程与其他学科教学相似。[①]但体育教学又有其自身的独特性，学校体育目的的实现、体育任务的完成都要通过体育教学这一重要途径。体育教学的范围很广，不仅是指学校体育，还涉及竞技体育、社会体育等领域。

综上分析，可以将体育教学定义为：在学校教育中，学生在教师的指导下，积极主动地学习和掌握体育基本知识、技能和方法，提高身心健康水平和身体活动能

---

① 吉丽娜，李磊.高校体育教学与训练理论实践探究［M］.北京：地质出版社，2017.

力，强化对自然环境和社会环境的适应能力，形成良好的思想品德和个性的过程。

(二) 体育教学的基本介绍

随着全球化的不断推进，在衡量社会进步与国家发展方面，体育事业的发展水平已成为一个非常重要的指标，而且国家与地区之间的交流也离不开体育这一载体。体育有竞技体育、大众体育、学校体育等多种类型，包括体育教育、体育活动、体育文化、体育竞赛、体育经济等诸多要素。虽然很早以前就出现了体育教学，但体育教学真正的迅猛发展始于现代社会。20世纪60年代以来，随着信息技术的快速发展，人类进入了信息社会，新技术、新材料、新能源及生物工程在社会各个领域都得到了广泛而普遍的运用，并推动了社会生产力的发展，使人们的生活节奏越来越快。这一方面给人们带来了便利，使人们的生活水平有了提高，生活条件有了改善，但另一方面随着电气化、自动化和智能化的不断发展，人们在十分紧张的环境中工作和生活，身心健康受到了影响。

20世纪70年代，联合国教科文组织对现代教育提出了人才培养要求，要求培养的人才适应社会的发展和需要，即培养具有"健全的体魄、高尚的道德情操、丰富的科学文化知识"的全面型人才，并指出应将体质作为人才评价标准之一，作为"三育"教育中的一个首要标准。由此使体育教学在教育系统中的地位和作用得到了很大的提升，同时也引起了人们的重视。①此后，各国纷纷改革体育教学内容、教材和教法并进行了深入的探索，如"快乐体育"教学模式深入研究体育教材的结构和"小集团"教学法，而不是一味地研究运动素材，这一举措有利于发挥体育教学在培养学生人格、个性方面的功能，将体育教学提高到了崭新的起点，促使体育教学为人的身心和谐与健全发展而服务。

(三) 体育教学论

体育教学论是对体育教学现象和体育教学规律进行研究的科学，现代体育教学的各种现象及现象背后隐藏的规律是现代体育教学论的主要研究内容。

体育教学论是理论与实践并存的科学，因此可以将其划分为两部分，即体育理论教学论和体育应用教学论，其中体育理论教学论又有自己的分类。

---

① 郑立业.高校体育教学理论探究与实践［M］.北京：中国原子能出版社，2020.

二、高校体育教学

（一）高校体育教学的构成要素

高校体育教学的构成要素是指高校体育教学的结构要素与过程要素，具体分析如下。

1. 高校体育教学的结构要素

对体育教学具有影响的各种要素及其相互关系就是体育教学的结构。体育教材、体育教法、体育教师、学生等都是体育教学的基本结构要素。

概括而言，高校体育教学包括以下三个方面的结构要素。

（1）参与者

参与者是高校体育教学的重要因素之一，主要指高校体育教师和高校体育教学中的大学生。

在高校体育教学的参与者要素中，高校体育教师是外部主导，主要职能体现为对高校体育教学进行计划、组织、管理、监控等。高校体育教师的专业素质将直接影响其职能的发挥和体育教学效果，因此要求高校体育教师有良好的敬业精神、业务能力等。

在高校体育教学中，高校体育教师的主要施教对象是大学生，这是高校体育教学的另一个重要主体。高校体育教师向大学生传授体育知识与技能，但大学生不能只是简单、被动地接受，必须在教师的指导下积极主动地参与学习，发挥自己的聪明才智，从而取得良好的学习效果。因此，从广义上而言，在高校体育教学中，大学生是一个主要制约因素和重要调控因素。在教学过程中，大学生作为受教育者和施教对象，是一个群体，在很多方面存在共性；但因为各方面因素的影响，大学生之间的个体差异也很明显。大学生能否能动地参与体育学习，对教学质量好坏有决定性影响。而针对大学生的特点和差异，因材施教，调动大学生的学习兴趣与热情又是体育教师的一个主要职责。

（2）施加因素

高校体育教学要满足社会对大学生的要求，这主要体现在高校体育教学任务、教学内容、教学大纲与教学计划等要素中，这些要素在高校体育教学的结构因素中，属于外部施加因素。连接高校体育的教与学是这类要素的主要作用。

高校体育教学过程是由体育教学任务、内容和计划等要素规定的，并以这些要素为依据组织与实施教学。高校体育教学任务和体育教学内容的价值均体现在两个方面,即显性和隐性,将这两类价值的关系处理好,可促进学生健康、和谐地发展。

（3）媒介因素

高校体育教学是在一定的时空条件下对相关信息进行有序传递的过程。媒介是传递信息的必备条件,具有针对性、可控性、安全性、抗干扰性及实用性等特征。高校在体育教学中,要想顺利地传递信息,必须具备场地器材、环境设备、组织教法等重要媒介。① 高校体育教学质量能否得到保证,一定程度上要看是否具备高质量、现代化的媒介条件。

在高校体育教学过程中,这三大要素是动态结合、不断变化的,其中最为重要的是教师的主导作用。体育教师应掌握并熟练运用各种教学艺术,将大学生的学习积极性充分调动起来,将各种要素调控好,从而提高教学质量,顺利完成教学任务。

2.高校体育教学的过程要素

高校体育教学的过程要素具体包括以下几个方面。

（1）体育教学目标

通过体育教学要达到的结果就是体育教学目标。体育教学的价值取向主要体现在体育教学目标中。只有确定了体育教学目标,体育教学才会有明确的方向,体育教学的出发点和最终归宿也才能确定下来。

而且,在体育教学评价中,体育教学目标是一个非常重要的定向参考因素,如果没有确定教学目标,体育教学就会漫无目的地盲目开展,体育教师也就无法掌控教学过程。

（2）体育教学内容

在体育教学中,体育教师给学生传授的体育与健康知识、技能和方法等都是体育教学内容。体育教学目标能否达成,体育教学质量能否提高,直接受体育教学内容的影响。只有科学选择体育教学内容,并有效实施,才能使体育教学过程更加顺利,才有可能完成体育教学目标,并使体育教学质量得到提高。

体育教学如果没有明确的教学内容,就不能称为体育教学,而只是体育锻炼,这时体育就不再是一个学科了,而是一项活动。因此选编和运用体育教学内容非常重要,在开展这项工作时,要对学生需要、社会需求、学科体系进行充分考虑。

---

① 王俊鹏.高校体育教学理论与实践研究［M］.长春：吉林科学技术出版社,2019.

（3）体育教学策略

体育教师以体育教学目标和学生的具体情况为依据而选择的有效教学技术和手段就是所谓体育教学策略。此外，有助于学生理解教学内容的各种信息及信息的传递方式也属于教学策略的范畴。

体育教学策略与体育教学目标、体育教师、学生等因素密切相关，这一要素对体育教学工作的成败和效率的高低有直接的影响，所以为了更好地开展体育教学，完成教学任务，需要对体育教学方法、组织形式和手段进行科学选用。

（4）体育教学评价

依据体育教学目标制定标准，运用有效评价等技术手段测定与衡量、分析与比较体育教学活动过程及其结果，并进行价值判断的过程就是体育教学评价。促进体育教学质量的提高和学生的全面发展是体育教学评价的主要目的。

作为体育教学的一个重要因素，体育教学评价与教学目标、教师等因素的关系非常密切，一般体育教学评价指标由教师根据教学目标制定。

（二）高校体育教学的原理

高校体育教学的主体内容是体育运动项目，因此在高校体育教学内容设计中，必须重视不同项目的教学，并在具体项目教学原理中融入运动兴趣与情感体验，从而通过科学的体育教学原理，向学生阐释运动技能的形成与发展需要不懈地追求与努力，其功能体现为个体价值观与社会文化价值观的融合。

第二节　高校体育教学的特点与目标

一、高校体育教学的特点

（一）以传授体育技术和体育知识为主要内容，根本目的在于增强学生体质

大学生进行体育学习，主要是为了锻炼身体、增强体质，从而为更好地建设祖国贡献自己的力量。首先，体育技术是大学生的主要学习内容，也是体育教师

的主要教学内容。大学生在反复的学习与练习中，将所学技术转化为技能，从而能够通过合理有效的方法来锻炼身体。其次，体育知识也是大学生需要掌握的体育教学内容，目的是为身体锻炼提供科学指导。一般在高校体育课程设置中，体育技术内容所占的比例要比体育理论知识所占的比例大，这是体育教学与文化课程教学在内容设置上的主要区别。文化课程以文化知识为主要教学内容，学生在掌握这些文化知识的基础上才能更好地从事生产实践，更好地在社会实践中发挥自己的能力；而体育课教学以技术和技能内容为主，以体育技术为主、体育知识为辅的设置方式有利于促进大学生身体健康成长。

（二）以身体参与活动和教学组织的多样化为特征

在文化课教学中，学生主要通过思维活动对教学内容加以掌握，而体育课教学与文化课教学的不同在于，学生除了要动脑外，还要亲身参与活动，即除了参与思维活动外，还要进行身体活动。在身体活动中，通过肌肉感觉，向中枢系统传递信息，经过大脑的分析与综合，从而在理性上认识体育技术和技能。大学生如果缺少必要的身体活动，是无法对体育教学内容加以掌握的，尤其不可能掌握技术技能类教学内容。

大学生在体育活动过程中，身体反复受各种条件刺激，从而建立起条件反射，对体育技术加以掌握。在这个过程中，学生不但能够学习体育技术，而且能够锻炼身体，增强体质，提高健康水平。在高校体育教学中，大学生不可避免地要做一些身体活动，这有利于其身体、心理的发育和成长，有利于其保持充沛的精力。

体育教学以集体教学为主，但因为学生性别、性格、身体素质、活动能力等方面的差异，再加上体育教学容易受客观环境的影响，所以组织形式必须多样，从而满足不同学生的需求，适应不同学生的特点，进而提高教学效果。

在高校体育教学中，体育教师要善于运用社会学、教育学、生理学、心理学等多学科知识来对体育课进行精心的组织，从而使体育教学过程与教学规律的要求相符。

（三）以对学生思想品德、心理品质培养的特殊作用显示其教育功能

体育运动有自己独有的特征，体育教学就是通过这些独特性对学生产生积极作用的，具体分析如下。

第一，竞赛性是体育运动的一个特点，正因为这个特点，体育教学才能够对大学生的竞争意识与竞争精神进行培养。

第二，体育具有规则性，因此能够培养大学生诚实守纪的品质。

第三，体育运动要求参与者克服自身生理负荷，并勇敢面对客观条件的阻力，因此有助于培养大学生勇于拼搏的意志品质与吃苦耐劳的精神。

第四，体育活动具有群体性，能够对大学生的交际能力与协作能力进行培养，同时能够引导大学生树立良好的集体主义精神与爱国主义精神。

总之，当代社会的发展要求大学生具备良好的思想品德和心理品质，体育教学在这方面的作用是不可替代的。

在新时代，体育教学的教育功能变得越发鲜明和突出。当今世界正在进行新技术革命，这一方面给世界各国带来了良好的发展机会，另一方面也给各国带来了巨大的挑战。人才的发展可以推动科技的进步，教育是培养人才的主要途径。只有促进中华民族整体素质的提升，我国才能在新技术革命中受益。

二、高校体育教学的目标

（一）体育教学目标的概念

体育教学目标是指体育教学中师生预期达到的学习结果和标准。

（二）体育教学目标的结构

1. 学校体育目标

学校体育目标指的是学校开展体育活动在一定时期内预期达到的结果。它主要由条件目标、过程目标和效果目标三个要素组成。

制定高校体育教学目标，首先要以学校体育目标为依据，这样有助于通过体育教学目标实现学校体育目标。

2. 体育教学总目标

体育教学总目标指的是依据体育教学目的提出的体育教学预期成果，它包含以下三个方面的目标。

（1）实质性目标

实质性目标可以使学生对体育知识和技能加以掌握。

（2）发展性目标

发展性目标可以使学生身心素质得到全面锻炼和发展。

（3）教育性目标

教育性目标可以使学生形成正确的世界观和良好的个性品质。

3.单元目标

单元目标是指导高校体育教学的重要目标,其为体育教师设计体育单元教学提供主要依据。

4.课时目标

课时目标指的是体育课堂教学目标,就是每节体育课的教学目标,是具体的目标。

(三)体育教学目标的制定

制定体育教学目标,需要参考一定的因素,遵循相关的要求,从而确保体育教学目标的有效性,充分发挥体育教学目标的引导作用。

(四)体育教学的效果目标

我国高校体育教学的目标是增强学生体质,提高学生身心健康水平,对学生的体育运动能力和思想品质进行培养,促进学生全面发展,成为合格的社会主义建设者。

现阶段,我国高校体育教学的效果目标具体表现在以下几个方面。

第一,使学生身体得到全面锻炼,增强体质。

第二,使学生对体育教学的基本知识、应用技能等内容加以了解与掌握。

第三,使学生养成良好的思想品德,促进学生个性发展。

第四,提高学生的运动能力,为国家运动队培养并输送优秀的后备人才。

上述效果目标之间相互联系、相互促进,它们作为一个统一的整体不可分割,需采取有力的途径一步步落实。

三、实现体育教学目标需坚持的基本教学原则

(一)日积月累,提高身体素质

1.含义

该原则是指在体育教学中,经常性地通过适量的技能练习、各种游戏和比赛,使学生的各项身体素质得到全面发展和不断提高。

2.贯彻该原则的要求

第一,根据学生的身体发展状况来安排身体活动量。

第二,根据体育教学目标来安排身体活动量。

（二）因材施教，体验运动乐趣

1.含义

该原则是指在体育教学中，应根据学生个性的不同、身体素质的差异和他们对体育课认知水平的不同，让他们在掌握运动技能和进行身体锻炼的同时，体验运动的乐趣，促使学生喜爱运动并养成参加运动的习惯。

这一原则是依据游戏的特性和体育教学中运动情感变化的规律提出的。体育运动充满了乐趣，乐趣是体育的特质。一个运动项目从不会到熟练掌握，人们会有成功和乐趣感；有的项目本身就妙趣横生、充满变数，使人乐此不疲；运动中同伴之间的巧妙配合也能产生许多意想不到的乐趣；有的项目在锻炼过程中虽然充满了劳累、痛苦，但锻炼结束后，会感到一种舒畅的满足感，这都是体育运动充满乐趣的表现。体验运动乐趣是人们从事身体运动和体育比赛的重要目的，也是体育教学的目的之一，因此，体育教学要想方设法满足学生对运动乐趣的追求。[1]

2.贯彻该原则的要求

第一，对运动乐趣问题要正确理解和对待。

第二，善于从"学习策略"的角度对运动乐趣加以理解。

第三，处理好掌握运动技能与体验运动乐趣的关系。

第四，对有利于学生体验运动乐趣的教学方法进行开发与运用。

第五，为学生获得成功的运动体验创造条件。

（三）言行规范，提高集体意识

1.含义

该原则是指在体育教学中，发挥运动集体的作用，将自己融入集体，规范自己的言行，找准自己的位置，既要做好自己的工作，又要互相协助，为了集体的目标而共同努力，从而不断提高自己的集体意识。

体育教学主要在室外进行，受场地器材和活动范围的影响，体育的学习形式也经常以小组的形式来组织，这使得体育学习方式与集体形成存在内在的关联。因此，体育教师应在教学中注重培养学生正确的集体意识和良好的集体行为，使学生学会帮助他人、关心他人，学会参与集体活动，为学生未来走向社会打下良

---

[1] 谢权，李灿，赵晓炜.高校体育教学理论和实训导论［M］.西安：西北工业大学出版社，2018.

好基础。

2.贯彻该原则的要求

第一,对体育教学活动中的集体要素进行充分挖掘。

第二,采用教学分组的教学组织形式。

第三,向学生提出共同的学习任务,使其相互帮助,相互合作。

第四,将集体意识和发挥个性之间的关系处理好。

(四)潜移默化,积淀运动文化

1.含义

运动文化是构成体育课程内容的主要部分,包含体育知识、各种运动技能、体育运动相关媒介等各种形式和各种物化状态的内容。"潜移默化,积淀运动文化"原则是指在体育教学中,通过多种方法、手段提高学生对古今中外优秀的运动文化的认知和理解,通过对体育知识的学习和掌握以及自身的运动实践,积淀和提高学生自身运动文化的素养和水平,传承运动文化。

2.贯彻该原则的要求

第一,将体育教学中的认知因素重视起来,使学生能够真正学懂。

第二,对有利于学生运动认知的教学方法进行开发与运用。

第三,对"发现式学习"和"问题解决式教学法"进行科学合理的运用。

第四,运用现代化工具对学生学习的积极性进行培养。

第五,创造良好的运动文化环境。

(五)防微杜渐,保证安全环境

1.含义

该原则是指在体育教学中,要创造和提供使学生安全地从事体育运动的环境,同时要对学生进行安全运动的教育,不断提高学生体育锻炼的安全意识和确保运动安全的能力。

体育技能教学是以角力活动、非正常体位活动、剧烈身体活动、器械上身体活动、持器械身体活动等构成的教学过程,危险因素时时存在。这就要求学校和教师在体育课堂教学过程中,对可预知的危险做到提前防范,对不可预知的危险做到有应对预案,为体育教学提供安全的软硬件环境,对学生进行安全运动的知识教育,把危险因素消灭在萌芽状态。

2.贯彻该原则的要求

第一，在体育教学中建立安全运动的规章制度。

第二，防微杜渐，对所有危险因素进行详细的考虑。

第三，制定防止伤害性事故的预案。

第四，时刻进行安全警示。

第五，将练习内容难度控制在学生能力范围内。

第六，充分发挥学生安全员的作用。

第三节 高校体育教学的功能分析

一、健身娱乐功能

高校体育教学的一个重要目标是教会学生合理、有效地利用身体、保护身体，从而提高身体健康水平，因而可以说学生的体育学习是一种利用身体同时完善身体的过程。"用进废退"的生物学规律在人体的发展中体现得非常明显，大学生只有科学合理地参加体育锻炼，才能使身体的极限效能得到充分发挥。在锻炼的过程中，神经、肌肉会保持活动状态，这能够使人体运动系统和其他生理系统的功能得到有效的保障，并产生许多良好的反应。[①]在体育教学中，学生是否可以快乐地参与其中，获得健康的身心，要看学生是否从内心深处喜欢运动，是否对此感兴趣，是否情绪高涨。

随着社会的进步和生活条件的改善，大学生的营养补充越来越全面，生活条件也得到了很好的改善，这就为其身体娱乐活动提供了良好的条件。与其他娱乐方式相比，大学生在体育学习中进行适度的身体娱乐活动，能够达到健身与悦心的效果，从而提高身心健康水平。

二、培养竞争意识

人类生活与竞技比赛有高度的相似性，因为人类与自然、社会、竞争对手等

---

① 孙越鹏，宋丽丹.高校体育教学理论及改革创新研究［M］.北京：新华出版社，2018.

相关对象之间存在竞争关系，只有在不断的竞争中，人类才能更好地超越自己，完善自己，过上理想的生活。创造有利的条件来不断充实自我是竞争参与者必须重视的问题。在运动场上，参与者可以养成良好的品质和行为习惯，依据迁移原则，这些积极的变化会有效地作用于参与者的日常行为，并产生被社会高度认可与接受的因素。运动场上有输有赢，社会生活的其他方面同样如此，胜者当然光荣，受人拥戴，但败者也不可耻，也需要人的认可与尊重。不仅是运动员，包括大学生在内的所有群体都应该养成胜不骄、败不馁、顽强拼搏、勇于进取的良好品质。

竞技运动是高校体育教学的重要内容之一，通过相关内容的传授，可以教育大学生不断超越自我、完善自我，树立良好的竞争意识，其教育意义远比让大学生在竞技比赛中夺冠重要。

三、发展适应能力

现代社会中的竞争越来越激烈，人们的生活压力越来越大，适者生存的观念已经深入人心，因此大学生必须具备良好的社会适应能力，进而才能更好地立足于社会。社会适应能力是一个广泛的概念，对不同的人有不同的侧重，但大学生只有具备全面的个人适应能力，才能保证自己更好地适应社会环境的变化，这里的全面具体指身体、心理、情感、道德等方面，缺一不可。

体育教学在对培养个体适应能力方面具有重要的作用。体育教学贯彻"以人为本"的理念，对学生的兴趣爱好充分予以尊重，这样的教育活动有利于培养与提高大学生的适应能力。

四、改变行为

体育教学可以提高大学生的适应能力，由此可积极影响大学生的行为，使其行为产生有益的变化。体育教学中很多活动与行为都合乎社会要求，所以很容易被社会认可和接受。这些合乎社会要求的体育活动对大学生来说非常有价值，能够使大学生不断调整自己的行为，不断向社会道德准则和行为规范靠近。

体育教学还有利于培养大学生的智力，发挥大学生的聪明才智，使大学生更有想法、有干劲、能创新，并使大学生的行为更加理智、成熟。

五、改造经验

经验对于每个人来说都非常重要，生活中处处可以积累经验，而且处处离不开经验，随着经验的积累，人们会获得更好的生活能力。[①]人的经验是丰富多样的，对于参与体育学习的大学生来说，除了读、写、说、算方面的经验，还需要具备多方面的专门经验，具体表现在以下几个方面。

（一）动作经验

坐、立、行等属于最简单的动作经验，判断距离、判断速度、判断时间等则是比较复杂的动作经验，这些都是大学生在体育教学中可以收获的经验。除此之外，大学生还可以从体育教学中获得应付突发事件的能力。

（二）品格经验

品格经验在体育运动中至关重要，参与者只有公平竞争、信守诺言、服从法规制度、协调合作，才会更好地得到社会群体的认可。

（三）情绪经验

现代社会是文明社会，社会个体不能用野蛮的方式来发泄自己的不良情绪，否则会对社会的秩序与和谐造成影响。而体育教学有助于让大学生学会用积极锻炼的方式调节自己的情绪，保持良好的心理状态，培养优良的情绪经验。

体育教学属于综合性教育，同时也是非常重要的生活教育手段，能够积极影响与改变大学生的情绪、心智、行为、品性等，使大学生获得更加全面的发展。

[①] 李梅，李娜.高校体育教学理论与实践研究［M］.长春：吉林大学出版社，2018.

第二章　高校体育教学内容与原则

第一节　体育教学内容与原则概述

一、体育教学内容概述

（一）体育教学内容的概念

体育教学内容是那些以体育教育为目的，以身体练习、运动技能学习和教学比赛等为形式，经过组织加工后的，可以在教学环境下进行的体育知识和技能的体系。①

体育教学内容有别于一般学科的教学内容。例如，语文、数学等知识学科没有以运动为媒介，也没有涉及大肌肉群运动，更不是以身体运动的学习和运动技能的形成为培养目标，因此它们不涉及体育教学内容。而一些同身体活动有密切关系的教育形式和内容，如军训、劳动课、生产技能课虽然都伴随有大肌肉群运动，有的还是以技能的形成为主要目标的，但由于其培养目标不是身体运动技能的形成，因此也不被认为是体育教学内容。

体育教学内容也有别于竞技运动的内容。例如，奥林匹克运动会中的田径比赛是以夺取竞技胜利为目的，是按公正比赛的原则进行组织加工的内容体系，因为它没有必要考虑怎样通过田径运动来达到教育的目的，它也不必从教育的角度出发进行改造，因而它不属于体育教学内容。而作为体育教学内容的田径则必须

---

①　李忠，陈玉璞，王志英.高校体育教学理论与改革探析［M］.长春：吉林大学出版社，2017.

根据某个学段的教育目标、被教育者的年龄和身心特点、学校的场地器材情况，以及教学课时和教学计划安排进行改造，因此它在许多地方有别于在竞技场上进行的田径。

所以，在现实中有些同名的体育运动内容和体育教学内容会有很大的差异。

体育教学内容属于教育内容，但在形式上很多教育内容相差甚远；相反，体育教学内容来源于体育运动内容，形同于体育运动内容，却在体系上已不同于以娱乐和竞技为目的的体育运动内容。这形成了体育教学内容的独特性质和在教育内容中的独特位置，这个特性使得体育教学内容的选择、加工，以及教学过程都更加复杂、更加多变，使得"竞技运动教材化"的必要性和紧迫性更为突出。

（二）体育教学内容的分类

体育教学内容的分类历来是一个令体育教学工作者颇费脑筋的事情。因为体育活动来源于多种不同目的的活动，具有诸如健身、娱乐、技能培养、进行思想品德教育等多种功能，对人的身心有着不同的作用和影响，它在教育中可以为多种教育目标服务，也可以根据从事的活动形式分成多种类型，不同的运动还有其不同的乐趣特征和魅力，因此体育教学内容可以根据功能、目标、作用、形式、乐趣特征等多种分类方式来进行分类。①

在现实中，对体育教学内容的分类方法虽然也是多样的，但基本上是以按运动项目分类、按体育教学内容的内在功能进行分类和综合分类三种方法为主的，而前两种分类方法又各有特点，对体育教学内容的编制及"教材化"影响较大，下面将对这两种分类方法进行分析。

1.按运动项目分类

这是一种最常见的分类方法，它是按照运动比赛的名称和内容进行内容分类的，如篮球、足球、田径、体操、武术、游泳等。这种分类方法的优点是它与社会上进行的体育运动相一致，在名称和内容上容易理解。

2.按体育教学内容的内在功能进行分类

由于体育运动都具有健身、掌握运动技能、娱乐身心及培养道德品质等几个方面的作用，所以体育运动也可以按体育运动的这些基本功能进行分类。现在比较常见和比较成熟的有以健身功能分类、以身体基本活动能力分类、以运动乐趣

---

① 齐红梅，吴宏江.新时期高校体育教学理论与科学化训练研究［M］.哈尔滨：东北林业大学出版社，2018.

分类三种分类方法。

（三）我国的体育教材

体育教材是根据体育教学大纲和体育教学内容编撰而成的，最能体现体育教学的要求，下面将对其进行简要分析。

1.基本教材内容

（1）体育、保健的基本原理和知识

通过体育基本原理和知识的传授，使学生更深刻地理解体育对人类社会、对国家、对自己未来生活和工作的重要意义，使其能更理性、更自觉地去锻炼身体，更科学、更合理地从事各项体育运动的实践。通过保健与卫生知识的传授使学生认识到健康的重要性和维护身体健康所必要的环境、条件，懂得一些基础的保健手段与方法，从而更自觉地爱护身体、维护健康，形成正确的卫生保健意识和态度。

（2）田径，包括跑、跳、投等内容

此项教材内容能使学生了解田径竞技运动的概貌，理解田径在体育运动和锻炼身体中的意义和作用；使学生明白跑、跳、投的基本原理和特征，掌握一些基础性、实用性较强的田径运动技能；并知晓用田径项目来发展体能的方法和注意事项，掌握一些基础的田径裁判和组织比赛的常识与技能。

（3）体操，包括技巧、支撑跳跃、单杠和双杠等

此项教材内容能使学生了解竞技体操运动文化的概貌，了解体操运动对人体的锻炼价值和作用，明白基本的体操原理和特征；掌握一些典型的、实用性较强的体操技能，并学会用体操的动作来进行身体锻炼；了解体操娱乐、竞赛的方法及其注意事项，能运用正确的方法去安全地从事体操运动，并能够掌握一些基础的体操裁判和组织比赛的常识与技能。

（4）球类运动，包括足球、篮球、乒乓球、羽毛球、橄榄球、网球等

球类运动是竞争性、趣味性很强的运动，也是大学生最喜爱的运动项目之一。此项教材内容能使学生理解球类运动的概貌和球类比赛的共性特征，较好地掌握一项至两项球类项目基本技术和运用战术的技能；具有能够参加球类比赛，并掌握一些裁判和组织比赛的知识与技能。

（5）健美运动，包括民间舞蹈、健美操、体育舞蹈、韵律操、艺术体操等

健美运动的共同特征是将舞蹈表现与运动相结合，并伴随音乐等旋律和节奏进行运动。此项教材内容能使学生了解各项内容的基本特征，了解从事这项运动

的一些基本原则和规律，掌握一些基本的健美运动技能和一些实用的套路，进而改善学生的体态，培养其节奏感和身体表现能力。

（6）民族传统体育，包括武术、导引、气功及各民族传统体育内容

民族传统体育的选用既有利于因地制宜进行体育教学，又有利于弘扬民族传统体育文化。此项教材内容能使学生对我国优秀丰富的民族传统体育情况有所了解，并懂得用其来健身、自卫的方法；能使学生在学习技能的同时理解中国的"武德"精神，讲究武术中的礼貌举止，并与爱国精神、民族自尊心的培养结合起来。

2.任选教材内容

这部分内容是为了适应各地不同教学条件和丰富高校体育教学内容而设置的，通过这一部分教材内容可以使学生掌握一些与本地区文化背景有关的、有地方特色的和地区社会所需要的体育知识与技能；能使学生对体育的多种需求得到一定程度的满足，也使其体育能力得到更全面的拓展。

二、体育教学原则概述

体育教学原则是实施体育教学最基本的要求，是保证体育教学过程不脱离体育教学目标的最基本因素。[①]在进行教学内容和教学方法的选择时，体育教学方法也受到体育教学原则的约束，因此，它也是保证体育教学方法和教学内容科学性和实用性的基础。

（一）体育教学原则的含义与形成

1.体育教学原则的含义

体育教学原则是根据体育教学的特点以及体育教学大纲的目标要求而编写的。体育教学原则有以下三个方面的含义。

（1）体育教学原则是体育教学的规范

体育教学原则是体育教学的规范，是体育教学过程中各种教学行为改变的"准线"，体育教学的相关方法和目标都是在体育教学原则的基础上不断优化和加强的。因此，体育教学原则是体育教学所有要求中最基本的内容。

（2）体育教学原则保证体育教学的科学性

体育教学原则是根据体育教学的特点和体育教学中的相关要求制定的，它来源于体育教学，又对体育教学起到约束作用。因此，体育教学原则中的要求能够

---

① 宋大维，金东涛，温兴训.高校体育教学理论探索与实用指导[M].北京：中国书籍出版社，2016.

保证体育教学过程不脱离教学实际，有利于教学目标的实现。

（3）体育教学原则保证体育教学内容的合理性

体育教学原则是保证体育教学内容合理性的基础，因为在进行教学内容的选择时，对所选择的内容应该按照体育教学原则的要求进行筛选和检查，如果不符合体育教学原则的要求，那么就应该予以删除。

2.体育教学原则的形成

通过前面的关于体育教学原则含义的了解，可以清楚体育教学原则在体育教学中的重要作用，那么探究体育教学原则的形成过程，更有利于体育教学的规范。

（1）体育教学原则是体育教学实践经验的概括和总结

自从体育教学成为学校教育的组成部分之后，体育教学工作者一直致力于探索"如何更好地完成体育教学的目标"和"如何提高体育教学的质量"。为了保证体育教学的规范性，体育教学工作者在长期的体育教学实践中，对前人的体育教学经验和现代高校体育教学研究教学成就进行了总结和分析，探究出体育教学的规律要求。在长期的积累和不断的修订中，最终形成了体育教学的原则。

（2）体育教学原则是体育客观规律的反映

体育教学原则是体育教育工作者根据多年的教学经验和对体育教学历程的研究而制定的，所以体育教学原则是体育教学过程的客观反映。体育教学有着一些共同的规律，这些规律是客观存在的，不受任何环境和情况干扰。在所有的体育教学中，人们也都是依据这些客观规律进行体育教学实践的。

（3）体育教学原则在不断发展和完善

由于体育教学原则是根据人们对体育教学规律的认知和教学特点制定的，所以说体育教学原则与人们的认知水平有着本质联系，是受人们的认知水平制约的。随着人们对体育教学认知和实践的不断深入，以及社会的不断发展和进步，体育教学原则将会随着人们认知的提高不断发展和完善。因此，要跟随时代的脚步，与时俱进地对体育教学原则进行研究。

（二）体育教学特点与体育教学原则的关系

体育教学原则是根据体育教学特点制定的，因此，体育教学原则与体育教学特点必然存在非常密切的联系，研究它们之间的关系，有助于加深对体育教学的认知。①

---

① 武勇成，史明，额尔敦朝格图.高校体育教学理论与实践探索［M］.北京：现代教育出版社，2016.

1.一般教学原则与体育教学原则

每个学科都有一般教学原则和属于该学科的特有的教学原则。所谓一般教学原则，是指在一般的教学条件下的各门学科都应该遵守的基本教学原则，是各科教学原则的指导。对体育教学而言，体育教学原则是在一般教学原则的基础上制定的，但是由于体育教学与其他学科的教学存在明显的差异，如更具实践性、开放性、互动性等，因此一般教学原则不能直接代替体育教学原则，而是在一般教学原则的基础上，根据体育教学的特点增加的。

2.体育教学特点

任何一种形式的教学，都离不开"教"和"学"两个方面的概念，都是学生在教师的指导下进行的一种有计划、有目的、有组织的教学活动。但是由于每种教学面对的内容和要求有所不同，所以每一种教学活动都有其自身的特点。

对于体育教学工作者而言，他们只有对体育教学的特点具有很深的认识，才能制定出合理的体育教学原则。因此，体育教学工作者要能够准确地把握体育教学的规律，联系教学实际，制定出科学的、符合教学实际的体育教学原则。

（三）体育教学原则的作用

鉴于体育教学原则在体育教学中的重要性，体育教学工作者应该清楚体育教学原则是如何在体育教学中发挥作用、发挥怎样的作用的。

1.使体育教学要求更加明确

体育教学原则是体育教学工作的基本要求和教学规律的具体体现。根据体育教学原则制定的教学要求更具有科学性、准确性和生动性，而且利于学生接受，因此，体育教学原则更加明确了体育教学的要求。在体育教学开展的过程中，相关教育单位或者体育教学小组可以针对体育教学原则的内容对体育教师提出具体的要求。

2.梳理教师进行教学的思路

体育教学是一个复杂的教学过程，涉及的诸多因素，如根据教学目标进行教学内容的选择和安排，对教学方法的选择和运用，对学生兴趣的培养和管理，对教学条件的准备和优化，对课堂的设定和计划，对学生的研究和方案的制订等，都会增加教学难度。但是如果教师按照体育教学原则进行，那么教学工作就有了明确的指引，教学质量就能得到基本保障。所以，教学原则有助于教师梳理教学思路，保证了教学的科学性。

3.作为观察体育教学的视角

由于体育教学原则反映的是体育教学的基本要求，所以说在教学的过程中只有遵循体育教学原则才能满足体育教学要求，这样才会呈现出合理的外部特征和表现。反之，如果不遵循体育教学原则，就不能保证教学目标的顺利实现和教学过程的科学性。所以，在教学过程中，可以以体育教学原则为视角观察教学的外部特征和教学表现，从而判断体育教学实施过程的合理性。

4.作为评价体育教学效果的标准

任何一种对教学的评价都有可能出现主观依附性，导致对教学效果产生干扰，影响体育教学评价的科学性。但是如果以体育教学原则为参考进行评价，不仅能统一体育教学评价的标准，还保证了体育教学评价的客观性和科学性。

（四）体育教学原则的因素与要求

1.学科体系因素与要求

虽然体育教学与其他学科相比，有着非常明显的不同，但是每一个学科的教学都应该遵守学科的一般要求，这是教学实施的前提和基本要求。如果在教学的过程中不遵守"学科体系因素与要求"，那么教学就会失去科学性和合理性，朝着错误的方向进行，同时还可能造成教学步骤混乱、教学失去重点、难以达成目标等，如体育教学原则中的有序性原则、结构性原则、科学性和思想性相统一的原则，都是在学科体系因素与要求上确立起来的。

2.学生发展因素与要求

学生是学科教学活动中的重要组成部分，是教育活动的承受者和教学效果的表现者，也是教学过程合理性与否的体现者。由于学生在成长环境和心智发育上存在差别，因此在教学过程中应该对学生进行研究和分析，把握每一个学生的特点，以便于针对性教学的实施，保证教学的质量，如启发创造性原则、因材施教原则、启发诱导原则、动机原则、积极主动性原则等。

3.教学法理因素与要求

教学法理因素与要求是根据学生在教学中的接受能力和教学内容的特点，以及学生的心理发展特点和教学方法特点制定的，坚持这样的教学原则能够保证学生学习的合理性和科学性，有利于学生对学科知识的接受和掌握，促进教学质量的提高，如理论联系实际原则、直观性原则、巩固性原则、循序渐进原则、系统性原则、反馈原则等。

4.教学工作因素与要求

教学工作是教学的中心环节,也是教学最重要的环节。教学工作是教学实施的过程,教学工作中涉及教学形式、教学方法、教学条件和教学过程等因素,其中每一个因素都有其基本的要求,只有在教学过程中认识到这几个因素的重要作用,才能保证教学的准确性和合理性,如教学整体性原则、教学形式最优化原则、教学方法优化原则、教学条件优化原则、教学过程优化原则等。

第二节 体育教学内容的特性与选择

一、体育教学内容的特性

(一)教育性

体育教学内容是教育内容的有机组成部分,是教育思想得以贯彻的重要载体,对于青少年的成长有着重要作用,因此体育教学内容具有教育性。[1]体育教学内容的教育性主要体现在:能促进学生身心健康成长,形成良好的个性心理品质和积极乐观的生活态度,提高其社会适应能力,使其成为具有较高科学文化素养、爱国主义精神、传统优良品德和进取精神的社会主义建设者。

(二)科学性

由于体育教学内容是在学校进行的有目的、有计划、系统的教学内容,因此,体育教学内容也必须同其他教育内容一样,具有较强的科学性。体育教学内容的科学性主要体现在如下三个方面:内容本身具有很丰富的内涵,是人类文化和科学的结晶,如身体科学原理、锻炼科学原理、训练科学原理以及相关的社会科学原理等;在筛选体育教学内容时,人们会有意识地把那些科学和文化含量高的内容优先选择到教学内容中来;在进行内容的编制和教学时,必须遵循有关教学内容编制和教学的科学规律与原则。

---

[1] 郑传锋,张翔,陈爱民.高校体育教学理论研究与改革创新[M].长春:吉林大学出版社,2016.

（三）实践性

体育教学内容与其他教学内容的最大差异在于，体育教学内容主要由体育运动项目和身体练习构成，与身体运动的实践紧密相关。有学者指出，体育教学内容"是以有关身体运动的学习和身体运动的技能形成主要培养目标的内容；是以运动为媒介，以大肌肉群的活动状态进行教育的内容"。体育教学内容的学习不仅是通过学生的思维活动解决学生知与不知、懂与不懂的问题，而且是通过学生实际从事的运动学习与身体练习，以及通过运动中的肌肉本体感觉的形成与动作的记忆，解决学生会与不会的问题，它的思维和行为是紧密相连的。因此，体育教学内容的学习特别强调"从做中学""从练中学"。

（四）开放性

体育教学内容大多是以集体活动的形式来进行的运动的学习和竞赛。在对运动的学习、练习和比赛中，人的交往和交流又是极其频繁的，因此，体育教学内容与其他教育内容相比具有更明显的人际交往的开放性。体育教学内容以这种人际交往的开放性为基础，构成对集体精神、竞争精神协同培养的独特功能，使得体育教育内容的学习过程中的师生之间、生生之间的关系更加密切、开放；一些以小组进行的内容使得组内的各种分工明确。① 体育学习中的各种角色变化远远多于其他学科，所以体育课能有效地培养学生的社会适应能力。

（五）系统性

体育教学内容的系统性表现在如下两个方面：一是体育教学内容本身必须有它的系统性，虽然这个系统性由于体育运动的特点，不同于其他教育内容的系统性，但体育运动内在的规律使内容和内容之间、项目与项目之间、技术与技术之间有着某种潜在的联系和制约因素，进而形成体育教学内容的内在结构，而这一内在结构是编制体育教学内容的依据；二是必须根据教育的目标、学生不同年龄阶段的生长发育特点、教学环境和教学条件等方面的因素不断认识体育教学内容的内在规律性，系统地、逻辑地安排各个学校、各个年级的教学内容，并处理好它们之间的相互关系。

---

① 仇亚宾，卢臣，万海英.现代高校体育教学理论与实践性研究［M］.北京：九州出版社，2017.

（六）健身性

从广义体育的角度来看，体育就是增强体能、增进健康的教育。体育教学内容的学习过程实际上是学生学习一定的体育知识和技能，并从事身体练习的过程。学生在进行身体练习的过程中，必须也必然要承受一定的运动负荷。体育教学主要是通过合理安排身体练习的运动负荷量与强度，并适时地加以调控，来达到增强学生体质、增进学生健康的目的。体育教学内容所起到的增强体质、增进健康的作用是其他任何一门课程的教学内容所无法取代的。

（七）非逻辑性

体育教学内容与一般学科教学内容还有一个明显区别：体育教学内容没有一般学科教学内容之间比较清晰的由易到难、由简到繁的阶梯性结构，没有明显的从基础到高级的逻辑结构体系，其内容的排列不是直线递进式的，而是复合螺旋式的。体育教学内容主要是由众多的相互平行的、可以替代的运动项目和身体练习组成的，并且包含了丰富的体育与健康的理论知识。这增强了体育教学内容选择的灵活性。

（八）娱乐性

体育教学内容大部分来自体育运动项目，而体育运动项目大多是从各种各样的运动性、竞技性游戏中发展演变而来的。运动性游戏自然具有趣味性、娱乐性的特点，因而体育教学内容也具有一定的趣味性与娱乐性。体育教学内容的学习主要是在运动学习与运动比赛的过程中完成的，这些运动的乐趣体现在运动学习和运动竞赛过程中的竞争、协同、克服、表现等心理过程，体现在受教育者对新的运动的体验和对学习进步的成就感，也体现在运动的环境、场地、比赛规则、比赛形式等的变化和加工方面。当学生在学习这些内容时，必然存在追求这些运动乐趣的动机，在追求的过程中，学生会获得竞争与合作、成功与失败的体验，给其情感以深刻而丰富的陶冶，从而愉悦身心。

（九）空间的约定性

体育教学内容还有一个"空间的约定性"的特点。这是因为有很多运动是在固定的场地上进行的，甚至是以场地来命名的，如"田径""沙滩排球""山地自行车"等。换句话说，如果这些内容离开了特定空间的制约，其内容就会发生质的变化，甚至内容本身就不存在了。由于体育教学内容的空间约定性，使体育教学内容对场地器材具有很大的依赖性，也使场地、器材、规则本身成为体育教学内容的重要组成部分。

二、体育教学内容的选择

（一）体育教学内容的选择依据

1. 体育课程目标

体育课程内容是实现体育课程目标的手段，而不是目的。体育课程目标的多元性以及体育运动项目和身体练习的可替代性，增加了体育课程内容选择与组织的多样性。因此，在选择体育课程内容时就应该依据一定的标准。体育课程目标是选择组织课程内容的主要依据，这是因为体育课程目标作为体育课程编制各个阶段内容的先导和方向，作为对学习者的理想期望，是专家、学者、教师等经过周密的思考，认真研究了社会、学科、学生等不同方面的特点与需求的智慧结晶。体育教学内容的选择必须依照目标，即有什么体育课程目标，便有什么体育教学内容。

2. 学生的需要及身心发展规律

在选择体育教学内容时应该考虑学生的需要。体育教学的目的是要促进学生的身心健康发展，因此在选择体育教学内容时，要充分考虑学生的体育需要和兴趣，这对于有效的学习是非常重要的。学习是一个主动的过程，这个过程需要学习者自身积极的努力。一般来说，当遇到感兴趣的事情，学习者就会主动参与其中，从而有效地学习。正如教育学家杜威所说，当学习是被迫的而不是从学习者真正的兴趣出发时，这种学习相对来讲是无效的。目前的许多调查结果表明，大多数的学生喜欢课外体育活动，却不喜欢上体育课，其中一个重要的原因就是对教学内容不感兴趣。

学生的身心发展规律与特点决定了其对教学内容的接受程度，体育教学内容必须是学生可以接受，并经过努力可能实现的。因此在体育教学内容的选择过程中，就需要根据学生的特点确定教学内容的深度、广度和难度。

3. 社会发展的需要

学生个体的发展总是与社会的发展交织在一起。体育教学是为学生的未来健康打基础的，因此，在选择体育教学内容时，就必须考虑现实社会与未来社会的需求。体育内容的选择不可忽视人适应社会发展所必需的体育素质，因此，体育教学内容要满足学生在身体、心理和社会适应能力等方面发展的需要。另外，体育教学内容只有与社会生活、学生生活紧密联系，才能真正成为趣之所在、志之所在，才能实现它的功能，所以课程内容的选择必须回归现实生活。

4.体育教学素材的特性

第一，逻辑关系不强。这使得教师在安排教学内容时无法完全按难易程度和学生的准备条件来排列素材的顺序。体育教学内容的划分通常只是以运动项目来进行，划分后的教材之间又都是平行和并列的关系，如篮球和排球、体操和武术。

第二，存在"一项多能"和"多项一能"。"一项多能"是指一个运动项目可以达到多个体育目的，也就是经常说的"目标多指向性"，如有人用健美操锻炼身体，有人用健美操进行娱乐，也有人用健美操来表演。其实很多时候做健美操可以同时实现多个功能，同样，一个人掌握了一项运动就可以为自己的多种目的服务。"多项一能"是指体育内容的相互替代性。想练投掷，投手榴弹可以，投小垒球可以，推实心球可以，推铅球也可以；想与同伴一起娱乐，踢足球可以，打排球可以，玩篮球可以，玩棒球也没问题。人们不必拘泥在某一个项目上，进行不同项目也可以达到同一种目的。这个特性使得体育教学内容中没有什么非学不可和无法替代的运动，也就是说体育教学内容没有很强的规定性。

第三，数量极大，内容很庞杂，而且很难归类。人类几千年来创造出的体育运动项目种类繁多，而且它们各具特色，不同运动技能对身体素质的要求也各不相同。这就是体育教师难以精通全部体育项目的原因，也是体育师资培养提出"一专多能"要求的缘故；是体育课程研究者难以找出最权威的运动项目组合，难以编出适合一切地区和教学条件的教材的缘由所在。

第四，每个运动都有其独特的乐趣。如篮球和足球的乐趣是在激烈的正面对抗中运用自己的技术和队友之间的配合将球攻入对方的篮筐（球门）中；隔网类运动的乐趣在于双方队员在各自的场地中进行巧妙的配合，通过多次网上往返和争夺后，对方无法将球击回而取胜；体操运动的乐趣则在于控制自己的身体达到一种难以完成的非正常体位，以体验其中的乐趣；目标类运动（保龄球、飞镖、高尔夫球、台球等）的乐趣在于通过长时间锻炼达到操作的稳定性，在实践中用精确的结果来验证自己的预想能力，并从中获得快感和自信；户外型运动的乐趣在于获得征服自然后的超越感和在不同的环境中检验自己能力的成就感。

（二）体育教学内容的选择原则

1.教育性原则

在面对众多体育素材的时候，首先应从教育的基本观点去审视它们，看它们是否符合教育性原则，与国家、社会的价值观念是否冲突；看它们是否对学生的身心发展有利，包括是否有利于学生的身体锻炼。体育课程内容的选择应该紧扣体育课程的主要目标，把"健康第一"的指导思想作为确定体育课程内容的基本出发点，同时重视教学内容的体育文化含量，以增进学生的体育文化修养。学校体育应以培养学生在品德、智力、体质等方面的全面发展为目标，坚持理论和实际相结合的原则，既要讲述人体科学知识，又要取得锻炼身体的实际效果，还要使学生增进体育文化修养，受到思想品德教育，促进身心的健康发展。体育教学内容的选择要符合不同学段学生的身心发展的特点和规律，充分考虑学生的个体差异与不同需求，确保每一位学生受益。体育教学内容的选择还要符合不同地区、不同学校的实际，确保较大的选择空间和灵活性。①

2.科学性原则

设置体育教学内容时要具有科学性，在选择体育教学内容时也要注意科学性。这里讲的科学性有两层含义：一是所选择的教学内容要为增进学生的身心健康服务。有些内容有利于学生身体健康，但不一定有利于学生的心理健康，反之亦然。教学内容要努力使学生在愉快的活动中促进身心的发展。二是所选择的教学内容要有助于培养学生的身体锻炼能力，使学生体验科学锻炼的乐趣，从而增强学生锻炼的自觉性和积极性。

3.实效性原则

体育课程是一门以身体活动为主要手段、以增进学生健康为主要目的的课程。可以这样认为，一切对学生健康有利的教学内容都可以被纳入选择的范围，这将使体育教学内容更加丰富多彩。

所谓实效性，简单地讲就是某一活动是否实用、是否简便易行、是否有助于学生的身心健康。在选择体育课程内容时一定要注意既要选择与学生自身的体育学习兴趣和经验相接近的，又要选择大众喜欢的、社会上比较普及的，并有很好的健身娱乐效果的运动项目，为终身体育奠定基础。

4.趣味性原则

兴趣是最好的老师，在选择体育教学内容时，一定要根据学生的年龄和性别特点，在科学性和实效性的基础上选择那些学生感兴趣的、娱乐性比较强的体育素材。毋庸置疑，虽然许多竞技运动项目具有健身价值和教育价值，但是由于人

---

① 蒲艳，韩柳，祝瑞雪.高校体育教学理论与实践系统化指导教程[M].北京：中国原子能出版社，2016.

们长期以来更多的是关注竞技运动项目教学的系统性和完整性，并把培养运动员的教学方法带进了体育课堂，结果使许多学生对体育课的教学内容失去兴趣。

5.健身性与文化性相结合的原则

体育教学内容的健身性是体育教学的本质属性的反映。在进行体育教学内容的选择时，要以促进学生健康为出发点，内容的组织和编排都要有利于全方位地促进学生的健康。体育教学内容的文化性就是体育教学内容要有利于提高学生对体育的认识，促进体育情结的培养，树立体育的价值观和体育理想，使之受到良好的体育道德的熏陶。而健身性与文化性相结合，便可以使体育教学内容既具有良好的健身价值，又具有丰富的体育文化内涵。

6.理论与实践相结合的原则

体育教学内容主要是以实践内容为主，学生必须反复参加体育活动，才能掌握体育的知识、技能并提高身体素质。但体育教学内容是十分丰富的，除了实践的内容外，还包含科学健身知识、心理健康知识、卫生保健知识，以及与体育文化素养有关的知识。因此，在选择体育教学内容时要注意理论与实践相结合，以实践为主，以理论为辅。

7.统一性与灵活性相结合的原则

第一，我国幅员辽阔，各地区的自然地理环境和气候条件差异较大，经济、文化和教育发展不平衡，体育教学的相关基础、起点也不同。第二，学生的身心发展水平有差异，体育基础、接受能力也不相同，即使是同一个教学阶段的学生，都会表现出明显的不同特点。因此，要从我国的国情和学生实际情况出发，使体育教学内容切实可行，既要有统一性，又要有较大的灵活性。

（三）体育课程内容的取向

在教育理论界，自课程作为一个独立研究领域以来，对课程内容的选择基本是以三个不同的取向为依据：课程内容即教材，课程内容即学习活动，课程内容即学习经验。[1]

1.课程内容即教材

课程内容在传统上历来被作为要学生习得的知识来对待的，这些知识采取事实、原理、体系等形式。课程的重点是向学生传递知识，知识的依据就是教材，这样的理解就是课程内容即上课所用的教材。

---

[1] 刘满.现代高校体育健康教学理论与发展新探［M］.北京：北京工业大学出版社，2021.

"课程内容即教材"的取向主要是从体育知识的系统性出发,使教学主体明确教学内容,从而使教学实践有据可依。然而,对学生来说,在这一取向下,课程内容就是事先规定好了的东西,学习就是由外部力量规定他们必须接受的东西,而不是自己感兴趣的东西。这种外部强制性的感觉只会让学生越来越不喜欢上体育课。

2. 课程内容即学习活动

科技在进步,社会在发展,但教材远没能跟上其发展的速度,现在使用的很多教材,大部分是几年前甚至十几年前编写的,这加深了教育的滞后性。这就要求课程研究工作者做出相应的调整。

以学习活动为取向的课程,注重的是与社会生活的联系,强调了学生在学习中的主动性,让学生积极地参与各种活动。在体育课程中,有利于学生学习实践课程的内容。但是,这种活动取向,往往只注重学生外显的活动,而无法看到学生如何同化课程内容,无法了解学生知识掌握的具体情况,这不利于学生建立完善的体育知识结构。

3. 课程内容即学习经验

"课程内容即学习经验"的取向强调的重点是,学习的质和量是由学生而不是教材决定的。当学生的学习是主动参与时,往往是因为环境中的某些特征吸引了他。在这种取向的要求下,教师的主要工作就是构建适合学生能力与兴趣的各种环境,以便为学生提供学习经验。在这种取向下,有利于培养其终身体育的意识。在课程内容即学习经验的取向中,学生认知结构的情感特征对课程内容就起到支配的作用,内容受学生的兴趣支配,对学生而言,知识是自己"学"会的,而不是教师"教"会的。但是,这其中也有不利于学生的全面发展的因素。

上述课程内容的三种取向各有优缺点,选择体育课程内容时,如果坚持一种取向,而与其他取向对立,是不可取的。因此,选择课程内容时要考虑如何处理好这三种取向的关系。

(四)创编体育教学内容的形式

1. 利用动作教育模式创编体育教学内容

动作教育是最早出现在欧美的一种体育教育思想和体育教材方法论。其特点是按照人体的运动原理将一些竞技体育运动加以归类,要针对青少年特点进行教材设计,比如教育性舞蹈、体操等教材适用于小学低中年级,有利于学生基本活动能力的形成。动作教育还可以通过游戏活动、康复训练等多种形式渗透到日常生活中。动作教育不仅要重视身体机能的养成，同时还要重视身心的协调发展。

2.通过游戏化来创编体育教学内容

这种游戏化的方式多用于改造那些比较枯燥的单一的运动，如跑、跳、投、体操、游泳等运动，其特点是将这些单调的运动用"情节"串联成游戏，并强化协同和竞争的要素。这种创编形式有利于提高参与者的兴趣，而练习的性质也没有太大的改变，同时可以增强练习效果。如用游戏化方式对跳高教学内容进行创编，可运用以下手段：①连续跳跃障碍物接力；②兔跳接力；③跳绳跑接力；④跳五边形橡皮筋追逐跑；⑤跳起触摸一定高度的橡皮筋；⑥跳不同高度的橡皮筋接力赛。

3.结合体育原理和知识创编体育教学内容

结合体育原理和知识来创编体育教学内容的特点是挖掘运动"背后"的原理和知识，并将其"编织"在探究式的体育教学过程中，往往与发现式、启发式的教学方法联系起来运用。例如，在体育课上教师组织学生举行拔河比赛，在教授学生拔河技巧、分析胜败原因时可以通过物理学中的牛顿第三定律来讲解。通过拔河两队的受力比较可以让学生了解到，只要所受的拉力小于地面的最大静摩擦力，就不会被对方拉过去。[①]因此，增大与地面的摩擦力就成了胜负的关键。而要增大与地面的摩擦力，可以让队员穿上鞋底有凹凸花纹的鞋子。这种创编的优点是有利于提高学生对运动原理的理解和获得举一反三的教学效果。

4.融入体育文化，创编体育教学内容

"融入体育文化，创编体育教学内容"是从竞技运动中提取各种文化要素，并在教学中让学生来体验运动文化的情调和氛围。如以中国传统体育文化为主题让学生了解传统体育文化中的修身养性基本理论，为自我养身、健身、强身服务，同时加强对中国传统体育文化中舞龙、舞狮、气功、武术等内容的理解；可以指导学生阅读中英文体育文学作品、欣赏竞技运动比赛，结合学生的兴趣爱好提供获取体育文化知识的渠道，提高学生体育素养和审美能力。

5.采用生活化、实用化等形式，创编体育教学内容

这种创编方式可以通过以下几种形式体现出来：野外化（把在室内或正规场地进行的竞技运动改造为在野外的非正规场地可以开展的项目）、冒险运动化（增加一定的冒险性）、实用化（与实用技能相结合）、生活化（根据生活的条件进行项目改造）等。这种创编方式的特点是能够贴近学生的现实生活和实际需要，既

---

① 唐大鹏，李彬彬，赵静.高校公共体育教学改革理论与实践［M］.长春：吉林文史出版社，2018.

能传授比较实用的运动技能,又能调动学生的直接学习动机,也增加了教材的趣味性。例如,开展健美操、现代舞、街舞、韵律操等新兴运动项目的学习,激发学生的参与热情和运动兴趣,使体育与健康课程尽可能向学生的生活、社会和大自然方向延伸。在创编内容时,也不能盲目地求新鲜、赶时髦,而要根据学校的条件、教师的能力和学生的喜好,适量选择新兴运动项目。

6. 改造运动项目,创编体育教学内容

这种创编方式主要从基本结构方面对原运动项目进行改造,使其成为一种新的运动方式。这种改造主要是为了适应教学的需要和学生的特点,简化竞技结构,减小运动难度,调整场地器械规格,修改竞技竞赛规则,适应广大学生的实际,使其既能达到增强体能、增进健康的效果,又能减轻学生运动时的生理负荷量。要根据体育课程目标的具体要求,遵循体育规律和健身原理,在充分研究、分析竞技运动项目的可健身性、教师的可操作性和学生可接受性的基础上,采用走、跑、跳跃和投掷等基本活动形式,从运动的方向、路线、距离、顺序、节奏、难度、负荷、场地、器材、规则、参加人数等诸多方面,对竞技项目进行改造、加工、延伸和拓展,并进行合理的排序、组合和创编,使其成为有价值的体育教材和体育手段。

7. 开发利用民族、民间传统体育内容,发展新兴体育运动项目

民族、民间体育项目也是重要的体育教学内容,它有着广泛的群众基础和深远的社会影响。如蒙古族的摔跤、藏族的歌舞、维吾尔族的舞蹈、朝鲜族的荡秋千、锡伯族的射箭、彝族的射弩、白族的跳山羊,以及大众的踢毽子、滚铁环、抽陀螺等。对于一些适合教学需要的内容,可以直接引入运用,如踢毽子、抽陀螺、跳房子、滚铁环等;对于一些基本适合教学需要的内容,可以改编后再运用,如跳竹竿等。把这些教学内容引进课堂,不仅有利于民族体育文化的继承和发扬,而且可以培养学生的创新能力。

此外,还可以利用空饮料瓶、空易拉罐、塑料袋、课桌椅、自行车废旧轮胎、旧报纸等易于收集的家庭生活用品来创编体育教学内容。如将空饮料瓶装上少量水或沙子,可以做投掷物用,装上五颜六色的水又可以做标志物用;用旧报纸可以做成纸棒、纸球、纸飞机等做投掷练习。利用这些简易、安全、实用的器材资源,一物多用,不仅可以丰富教学内容,而且可为教学目标的达成提供有力的保障。

8. 以运动处方形式创编体育教学内容

这是一种按照锻炼的原理,将运动的强度、重复次数、速率等因素加以组合排列,根据学生不同的锻炼需要进行锻炼和教学的创编形式。这种形式有利于教

会学生运用运动处方锻炼身体，是一种不可缺少的体育教学内容创编形式。

第三节 体育教学资源的开发

体育教学资源是构造体育教学内容的来源，对其进行开发，可以有效地丰富体育教学内容。

一、体育教学资源的概念、特征与分类

（一）体育教学资源的概念

广义的教学资源是指，一切有利于实现教学目标的各种因素，包括素材性资源，如知识、技能、经验、生活方式与方法、情感态度、价值观、培养目标等，条件性资源，如直接决定教学实施范围和水平的人力、物力、财力、时间、场地、器材、设备、环境等。教学资源实际上可以理解为围绕实现教学目标的各种内外因素和条件的总和。就体育教学而言，体育教学资源是指有利于实现体育教学目标的各种内外因素和条件的总和。[1]这其中既包括物力的，也包括人力的；既有校内的，也有校外的；既包括传统的教科书和图书资料，也包括现代的网络和科技成果；等等。

（二）体育教学资源的特征

1.丰富多样性

在实际的教育教学过程中，可以开发利用的体育教学资源是多种多样的，它不仅是体育教材，也不局限于学校内部，它涉及学生学习与生活环境中所有有利于教学顺利实施、达到教学标准和实现教育目的的各种因素，因而具有丰富多样的特点。

2.价值潜在性

一切可能的体育教学资源都具有价值潜在性的特点。有相当一部分体育教学

---

[1] 张炜，王蒙，赵志伟.高校体育教学改革理论与实践研究［M］.长春：吉林大学出版社，2018.

资源在体育教学设计之前就已经存在，具有转化为体育教学资源的可能性，但还不具备进行体育教学实施的现实条件。它们往往体现出一种潜在的价值，只有经过一定形式的开发、利用和转化，才能具备有利于体育教学实施的基本条件。

3.具体性

体育教学资源有着具体性的特点，表现在：不同的地域，可开发利用的体育教学资源不同；不同的文化背景下，人们的价值观念、道德意识、风俗习惯、宗教信仰具有各自的独特性，相应的体育教学资源亦各具特色；学校的性质、规模、办学条件等不同，其可以开发利用的体育教学资源也不尽相同；学生个体的家庭背景、身心发展水平和生活经历不同，可供开发利用的体育教学资源必然也是千差万别的。

同样的体育教学资源，具有不同的用途、价值与功能，可以用于实现体育教学的不同目标。如学校附近的山峦，既可用作学生进行体育锻炼的场地，又可以用于对学生进行野外生存教育等。教师要注意并善于挖掘体育教学资源的多种利用价值，变一源为多用，使体育教学资源的潜在价值得以充分发挥。

（三）体育教学资源的分类

体育教学资源的内容极其丰富，既有来自自然界的，又有来自社会的；既有显性的，又有隐性的；既有校内的，又有校外的；既有人力的，又有物力的。为了加深对体育教学资源的不同类型与存在范式的了解，提高对体育课程资源的认识，可以根据体育教学资源的空间分布、功能特点、性质和存在方式进行分类。

1.根据空间分布

根据空间分布，体育教学资源可分为校内体育教学资源和校外体育教学资源。

凡是在学校范围之内的体育教学资源，就是校内体育教学资源。它是实现教学目标，促进学生全面发展的最基本、最便利、最直接的资源，如学校师资结构、师资水平、体育场地、体育器材设施、校纪校风、校容校貌等校园人文环境等。

校外教学资源包括学生家庭、社区乃至整个社会中各种可用于体育教育教学活动的设施和条件，以及丰富的自然资源。如社区体育设施、体育人文环境、国内外体育活动和比赛信息、山川河流与沙漠高原等自然环境等。校外体育教学资源可以弥补校内体育教学资源的不足，充分开发与利用校外教学资源能为人们转变教育教学方式，适应体育教学的改革与发展提供有力的支持和保证。

2.根据功能特点

根据功能特点，体育教学资源可分为素材性体育教学资源和条件性体育教学资源。

素材性体育教学资源是指组成体育教学材料的基本来源，其特点是作用于体育教学，并且能够成为体育教学的素材和来源。如国家颁发的体育课程指导纲要、国家体育课程标准、体育教材、各种参考资料；体育管理人员的思想、情感、智慧和创意，体育科技、历史、文化艺术、各种媒体（电视、电影、网络）信息等。

条件性体育教学资源是指体育教学实施的基本条件要素。其特点是作用于教学，但不是教学本身的直接来源，不是学生学习和收获的对象，但它在很大程度上决定着教学实现的范围水平。如体育教师、教练员、高校医务人员、课程管理者等人力资源；体育场馆器材、设备等物力资源；学校教育经费投入、社会资助等财力资源；社会自然环境等。

在现实中，其实有些资源既包含着体育教学的素材，又包含着体育教学的条件，如人力资源、网络资源、环境资源等。

3. 根据性质

根据性质，体育教学资源可分为自然教学资源和社会教学资源。

自然教学资源具有"天然性"和"自发性"。我国幅员辽阔，山川秀美，物产丰盛，可以开发与利用的自然教学资源极为丰富。例如，可以充分利用空气、阳光、水、江、河、湖、海、沙滩、田野、森林、山地、草原、雪原、荒原等条件，开展野外生存生活方面的教学与训练。认识自然，融入自然，与自然界和谐共处，是学生素质养成的重要内容，也是整个教学过程应体现的一个基本理念。

社会教学资源带有"人工性"和"自觉性"的特点。人们可以开发与利用的社会体育教学资源同样也是多种多样的。如以家庭体育、社区体育、假日体育、民族传统体育等方式所开展的体育活动；为了保存和展示人类体育文明成果的公共设施，如体育博物馆、体育展览馆雕塑；健身娱乐中心、体育运动中心等高水平运动训练基地与体育科研所等。①

4. 根据存在方式

根据存在方式，教学资源还可分为显性教学资源和隐性教学资源。

显性体育教学资源是指看得见、摸得着，可以直接运用于教育教学活动的体育教学资源。如教材、计算机网络、自然和社会资源中的实物等，它们是实实在在的物质存在。显性教学资源可以直接成为教育教学的便捷手段或内容，相对易

---

① 张丽蓉，董柔，童舟. 人文精神视阈下高校体育教学模式的理论构建［M］. 北京：中国纺织出版社，2019.

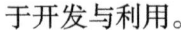高校体育教学理念及模式创新研究

于开发与利用。

隐性体育教学资源是指以潜在的方式对教育教学活动施加影响的教学资源，如校风、社会风气、家庭氛围、师生关系等。与显性教学资源不同，隐性教学资源的作用方式具有间接性和隐蔽性的特点，它们不能构成教育教学的直接内容，但是它们对教育教学活动的质量起着持久的潜移默化的影响。

二、开发和利用体育教学资源的意义

（一）理论价值

1.拓宽体育教学研究的领域，促进体育教学及体育文化的发展

体育教学资源的开发对于体育教学而言，是一个崭新的领域。对于它的研究，可以加深人们对体育教学的理解，拓宽人们认识和研究体育教学的渠道和路径。同时，体育教学资源的开发，将极大地丰富和发展体育教学的内容体系，这在一定程度上也丰富了体育文化的内容，对促进体育文化的传递、创新和发展具有十分重要的理论意义。

体育教学资源的开发，定将成为体育教学改革的突破口。这不仅表现在它将直接导致体育教学的变革，而且对体育教学的其他方面如体育教学的类型、体育教学评价，以及体育教学实施中的教学方法、教学组织形式等的变革，也将产生积极而深刻的影响，对体育教学的整体建设与发展有着重要作用。

2.有利于促进学校体育与社会体育和竞技体育之间的联系

一直以来，在理论层面上，学校体育被认为是学校内部的体育活动。如今，人们逐步认识到学校体育不应该仅仅局限于校园内部，而应该逐渐与社会体育和竞技体育加强联系，并在联系中相互借鉴与发展。但是，如何才能在学校体育与社会体育和竞技体育之间架起一座桥梁，一直是人们努力想解决的难题，而体育教学资源的开发，则为解决这个难题提供了新的思路和契机。

第一，体育教学资源的开发打破了学校的空间界限，使更多社会体育和竞技体育的手段与内容可以通过提炼、加工成为体育教学内容。学生通过对这些内容的学习，不仅可以了解当今社会体育和竞技体育的最新发展动态，而且能为他们以后参加社会体育和竞技体育的实践奠定一定的基础。

第二，体育教学资源的开发，必然要调动社会体育及竞技体育领域的一切可以利用的人力、物力、财力和信息，这在客观上加强了学校体育与社会体育和竞技体育之间的联系。

第三，体育教学资源的开发，可以使人们更新观念，促进学校体育与社会体育和竞技体育不同领域之间的相互理解、消弭隔阂，从而真正树立"大教育"和"大体育"的观念。

3.有利于促进体育教学与其他学科课程以及校园文化之间的融合

如果体育学科处于一种自我封闭的发展状况，不仅阻碍了体育学科的发展，而且不利于学生身心的全面发展。体育教学资源的开发，是在学校内外、社会的大背景中进行的，因此必然会超越体育学科的界限，将学校内其他学科的资源以及校园文化资源纳入自己的视野和范围。体育教学资源的开发，将最大限度地促进体育教学与健康教育、生活教育、生存教育、环境教育、国防教育以及校园文化的相互融合与借鉴，使体育教学与各学科的交叉渗透、融会贯通自然而然地发生于课程实施的过程中，对学生的身心教育与影响将更为全面。

4.为体育教学改革提供理论支撑

理论对实践具有重要的指导作用，体育教学改革必须有完整的理论作基础。体育教学资源开发的相关成果，将从理论和实践上回答体育教学中遇到的一些新问题，使体育教学理论不断丰富和完善，将在一定程度上为体育教学改革奠定理论基础。

（二）实践价值

1.是实施体育教学的必要前提

体育教学与教学资源之间存在着非常密切的联系。没有体育教学资源就没有体育课程可言，没有体育教学资源的广泛支持，再完美的体育教学改革设想也很难转化为实际的教育成果。相反，有体育教学就一定有体育教学资源作为前提。因此，体育教学的实施范围和水平在一定程度上取决于对体育教学资源的合理开发和利用。

2.可以提高教师的教学水平，促进教师的发展

体育教师不仅是重要的体育教学资源，而且是开发和利用体育教学资源的重要主体之一。开发利用各种体育教学资源，将全面带动体育教学手段、方法、组织形式等方面的变革。在此过程中，体育教师的教学水平将会得到进一步提高，其教育观念、方法等也将不断适应现代社会和教学改革的要求，这对体育教师的专业发展具有重要意义。

3.可以提高学生的主体地位，促进学生的全面发展

学生是学习的主体，对体育教学资源的开发和利用也必须围绕着学生这个主

体来进行。而且，按照现代教学的理念，学生同样是重要的体育教学资源，同样也是开发和利用体育教学资源的主体。对体育教学资源的开发和利用，不仅要让学生亲自参与，让他们的生活和经验进入体育教学，而且要在这一过程中激发他们学习的兴趣、陶冶情操，不断提高他们探求新知的能力。这意味着学生的学习方式将发生根本性的转变，学生将由被动的知识接受者转变为知识的共建者。

三、体育教学资源开发和利用的途径与方法

（一）对体育教学内容资源的开发和利用

体育教学内容资源是极为丰富的。可以说，人类所创造的一切体育文化形式都可以作为体育教学内容的基本来源。①体育教学内容资源与日常生活、竞技运动、民族和民间传统体育、养生活动、社会体育以及医学等方面都有着非常密切的联系，其手段、形式和内容构成了体育教学所需要的广泛而又丰富的内容资源。开发和利用体育教学内容资源可以从以下几个方面入手。

1.改造现有的竞技运动项目

竞技运动项目因其突出的竞赛性、娱乐性和高超的技巧性等特点而深受广大青少年学生的喜爱。但是，直接将竞技运动项目全盘引进体育教学，特别是将其直接作为体育教学的内容是不合适的。因此，必须从教育的角度对现有的竞技运动项目进行改造，使之成为可以利用的体育教学内容。改造的方法主要有以下几种。

第一，简化比赛规则，只保留一些能够激发学生运动兴趣，能使学生很快"玩"起来的简单规则。

第二，简化技战术，将最基本、最适合学生身心特点的基本技术和战术提炼出来。

第三，修改内容，去掉那些繁、难、偏、旧等不利于学生身心发展的或学生不感兴趣的内容，不过分强调内容的系统性和完整性。

第四，降低动作的难度，不苛求动作的细节等。

第五，改造场地和器材，使场地和器材更加符合学生的身心发展特点。

2.引进新兴运动项目

随着现代社会的发展，人们在休闲、娱乐和健身过程中，开发了大量新兴的

---

① 尹亚晶.新时期高校体育教学改革理论与实践探索［M］.长春：吉林人民出版社，2018.

运动项目，如攀岩、野营、定向运动、轮滑等。这些新兴的运动项目经过选择和加工后可以成为体育教学资源。

3.开发民族和民间传统体育

我国幅员辽阔，民族和民间体育文化源远流长，各个地区、各个民族存在着大量群众喜爱、老少皆宜的体育形式，如武术、龙舟、舞狮、珍珠球以及各种各样的体育游戏等，它们都可以通过适当的加工和改造而进入体育教学。对这些资源的开发不仅有利于形成具有地区和学校特色的体育课程，而且可以很好地将学生的生活经验与课程的学习紧密地结合在一起。

4.整合各种体育教学相关的内容资源，创造新的体育教学内容

体育教师要善于对各种体育教学相关的内容资源进行整合，不断创造出各种新的体育手段和形式，使其成为体育教学的新内容。

5.让体育教师和学生的知识与经验进入体育教学

体育教师和学生的经验是非常重要的体育教学内容资源，如果能够通过体育教学进行有效的开发利用，将对体育教师的教学方式和学生的学习方式的变革产生积极的影响，特别是可以培养学生主动探究和创新的能力。例如，在教学中向学生提供一些体育器材，要求学生根据这些器材和自己已有的知识与经验，通过小组讨论、尝试练习等方式，创编一种新的游戏方法。在这一过程中，教师和学生、学生和学生之间共享其已有的知识和经验，然后将其转化为各种新的体育教学内容。

对体育教师和学生已有知识与经验的开发、利用，在我国以往的体育课程教学中是极其薄弱的一个环节，应该注意加强。当然，这需要体育教师从根本上转变教育观念。

（二）对体育教学条件资源的开发和利用

体育教学的条件资源主要包括学校内外的各种人力资源、物力资源和自然地理环境资源等。

1.对体育教学人力资源的开发和利用

体育教学的人力资源包括体育教师、学生、家长、班主任和其他有一定体育特长的教职工、校医、校外体育专家、社会体育指导员、运动员、教练员、医生和有一定体育特长的社会其他人员等，他们的知识、智力以及体力等都可以通过开发进入体育教学。在开发体育教学人力资源的过程中要注意以下问题。

第一，充分发挥体育教师的作用。体育教师是最重要的体育教学资源。在体

育教学资源的开发过程中，教师的素质决定了教学资源的识别范围、开发与利用的程度以及效益发挥的水平。对体育教师潜能的开发，应该成为体育教学人力资源开发的重点。

第二，"以生为本"。要鼓励和引导学生积极参与体育教学资源的开发，如让学生自制体育器材和教具，通过网络和媒体收集体育信息、创编各种体育游戏等。

第三，积极挖掘其他人力资源。如进行健康教育，可以请医生、家长等协助进行；又如可以请一些知名的运动员进行体育表演，以激发学生的学习兴趣；等等。

2.对体育教学物力资源的开发和利用

当前我国部分高校仍然存在体育场地和器材短缺的情况，因此积极开发各种体育教学的物力资源便显得尤为重要。具体可以通过以下方法和途径进行。

一是发挥现有体育器材的多种功能，即一物多用，如跨栏架可以用来跨栏，也可以用作投射门，还可以用作钻、爬的障碍等。

二是自制简易器材和替代品，如利用废排球制作实心球，用书包作为负重物或标志物等。

三是改造场地，合理布局，提高场地的利用价值。如篮球场可以改造成篮球、排球、羽毛球、轮滑等项目都可以使用的多功能场地等。

四是充分利用高校附近的社区或单位的体育场地和器材设施等。

3.对体育教学自然地理环境资源的开发和利用

高校附近的山川、湖泊、森林、草原、田野、沙丘、海滩、冰雪等都是极为宝贵的体育教学资源。利用这些自然地理环境资源可以开发出多种多样的体育课程内容，如利用森林，可以进行野营、定向越野；利用沙丘，可以进行爬沙丘、滑沙、沙疗等；利用海滩，可以进行沙滩足球、沙滩排球等。

自然地理环境资源的开发，不仅可以缓解一些学校体育场地、器材不足的矛盾，而且可以形成学校的体育课程特色，这对校本体育课程的开发与建设具有重要的意义。

四、体育教学资源开发的目标

（一）满足学生体育需要，促进学生发展

体育教学资源开发的首要目标就是要满足学生的体育需要，促进学生的发展。就学生个体而言，不同年龄、不同性别以及不同地区的学生，由于各自的教育背

景不同,其身心发展的水平如身高、体重、运动能力,以及他们对运动的兴趣、爱好、态度、社会交往能力等是有很大差异的。

一方面,体育教学资源的开发必须以满足不同学生的体育需要为前提。另一方面,学生在体育方面需要学习的东西很多,远非体育教学所能涵盖,因而必须在可能的体育教学资源范围内,在考虑开发成本的前提下突出重点,精心选择那些对学生终身发展具有决定意义的体育教学资源,使之优先得到开发和利用。

要通过体育教学资源的开发,使学生由被动地学走向主动参与、主动探索,从而真正学会学习。为学生提供丰富的体育教学资源,重在不断培养学生独立学习的意识、习惯和能力。[①]体育教师要充分利用体育教学资源开发过程中的各种有利因素,提高学生探索问题、分析问题、解决问题和合作学习等方面的能力,使他们能够创造性地利用各种体育教学资源,为自身的体育学习、实践及其他探索性活动服务。

(二)提高体育教师开发体育教学资源的认识和能力

体育教学资源开发的另一个重要目标是树立体育教师新的体育教学资源观,并不断提高其开发体育教学资源的能力。体育教师对体育教学资源开发的认识和理解,直接关系到他们开发体育教学资源的主动性和积极性,也在很大程度上影响着开发的质量和效果。因此必须通过体育教学资源的开发,使体育教师对体育教学资源的认识不断深化,逐步树立新的课程资源观。体育教师开发体育教学资源的能力也是影响开发效果的关键因素之一。对绝大多数体育教师来说,怎样开发体育教学资源是一个全新的课题。因此,要促使体育教师不断学习现代教育思想和教育技术,学习体育教学资源开发的各种方法与技术,并学会从实践中总结各种经验教训,注重分享其他教师的各种经验和成果,使他们的专业水平在实践中不断提高。

(三)丰富体育教学内容体系

从内涵上来说,体育教学内容应该是非常丰富的。但在相当长的一段时间内,体育教学内容被限定在体育教学大纲和体育教材所规定的范围,其他内容如各种新兴运动项目、学生的经验等一般是不纳入体育教学内容的。新课程改革,就是要改变这种局面。体育教学资源的开发,也要将丰富体育教学内容体系作为一项

---

① 贺小花.高校公共体育教学理论与实践创新研究[M].上海:上海交通大学出版社,2017.

基本任务。

体育教学资源的丰富性和多样性特点，为人们的开发提供了前提条件。要努力通过体育学科专家、体育教师、学生等多个主体，以及国家、地方和学校多个层面，全方位、多角度地进行体育教学资源的开发，使各种新颖有趣、适应性强的体育教学资源不断转化为体育教学内容，使体育教学内容的范围在原有的基础上不断拓展、不断丰富，逐步形成具有中国特色的体育教学内容体系，使拓宽后的体育教学内容能够为学生选择学习、发展个性提供更加广阔的空间，为实施素质教育、提高体育教学的质量和效果打下基础。

（四）形成高校体育教学特色，提高新体育教学标准的适切性

形成各高校的体育教学特色，以提高新体育教学标准对高校的适切程度，也是体育教学资源开发的重要目标。每所学校由于学校性质、办学条件、教育理念和学生的发展基础等实际情况不同，其拥有的体育教学资源的数量、性质和具体结构等也是不同的。因此，不要一味追求体育教学资源的统一性，而应保持不同地域间高校的体育教学资源的丰富多样性，把各高校所拥有的不同体育教学资源变成特色资源来开发。只有形成特色，才能使一个学校的体育教学资源开发具有旺盛的生命力。

五、体育教学资源开发的原则

体育教学资源开发的原则是在体育教学资源开发过程中所要遵循的基本准则，其对体育教学资源的开发具有指导作用。确定体育教学资源开发的原则，一方面要依据体育教学资源本身的特点，另一方面则要依据体育教学资源开发时所需考虑的主要因素。①

（一）开放性原则

开放性原则是指体育教学资源的开发，要打破时间、空间、学科、领域、途径的界限，尽可能开发和利用有益于体育教学实施活动的所有体育教学资源。即以一种开放和包容的心态对待人类所创造的一切文明成果，只要有利于实现体育教学的目标，就应该将之纳入开发与利用的视野，兼收并蓄。

---

① 覃俊连，胡玉玺，马艳.高校体育教学基本理论解析与实践指导教程［M］.北京：现代教育出版社，2017.

体育教学资源开发的开放性，包括时间的开放性、空间的开放性、学科的开放性、系统的开放性和途径的开放性等方面。

时间的开放性是指体育教学资源的开发应该跨越时间的界限。从古至今，人类在几千年发展过程中创造了灿烂的体育文化，有的虽历经时间的磨砺，但仍然熠熠生辉，闪烁着璀璨的光芒。不同时期、形态各异的体育文化为人们提供了一个丰富的资源库。

空间的开放性是指体育教学资源不论是校内的还是校外的，中国的还是外国的，乡村的还是城市的，只要有利于实现体育教学目标，都可以进行开发。

学科的开放性是指体育教学资源的开发在学校内部要打破体育学科与其他学科之间的界限，尽可能利用其他学科如语文、数学、生物、物理、地理等的资源，使所开发的体育教学内容更具有综合的、全面的教育意义。

系统的开放性有两层含义：一是指在开发体育教学资源时，不要只局限于学校体育系统，要尽可能利用社会体育系统和竞技体育系统的资源；二是指在开发体育教学资源时，要超越体育系统的界限，科技、文化、医疗卫生等社会其他系统也有大量丰富的体育教学资源，也是开发的对象。

途径的开放性是指体育教学资源的开发不应该局限于某一种途径或方法，应尽可能探索多种途径或方法，并能协调使用。

（二）针对性原则

针对性原则是指要针对体育教学目标，从学生、体育教师、学校的特点和实际出发进行体育教学资源的开发。

首先，要针对体育教学目标进行体育教学资源开发。体育教学资源开发的最终目的是实现与达成体育教学目标，因此体育教学资源开发自始至终要围绕着如何有效达成体育教学目标来进行。一方面，不同的体育教学资源具有不同的作用与功能，对于不同的体育教学目标，就应该开发不同的体育教学资源；另一方面，一些不同的体育教学资源也可能具有相同的作用与功能，开发时就应该针对体育教学目标对各种资源进行比较与分析，以便能开发出适应性相对较强的体育教学内容。

其次，要针对学生的特点进行体育教学资源开发。这在理念上体现了体育教学资源的开发与建设要"以学生为主体"的思想。具体表现在三个方面：一是要针对学生的生理和心理发展水平；二是要针对学生的体育兴趣与爱好，尽可能激发学生的求知欲；三是要针对学生已有的体育学习基础和能力。

再次，要针对体育教师的特点进行体育教学资源开发。每一位教师都有自己的认知策略、思维习惯和工作方式，有自己的生活经历和教育背景，有自己的经验、兴趣、爱好、专长、个性特征和不同的教育教学风格等，这些不仅会直接影响到他们对体育教学内容资源开发的认识，也关系到开发方式和开发的广度与深度。因此，应针对每个体育教师的教育思想、理念、知识、经验、专业水平、特长等来开发体育教学资源。

最后，由于各个学校具有不同的性质和任务，其所在地理位置、历史传统、培养目标、办学宗旨、师生结构、校风校纪、校容校貌等各不相同，所以要针对学校的特点进行体育教学资源开发。如针对学校的自然环境特点，学校的场地、器材、设备的特点，学校的体育传统与风气、班风与校风的特点等。

（三）合作互补原则

合作互补原则是指在体育教学资源的开发过程中，要充分发挥体育教学专家、体育教师、学生等人员的作用，充分利用他们的知识、经验、特长及各自的优势，取长补短、优势互补，共同提高体育教学内容资源开发的质量与效果。合作互补的原则有四层含义，一是体育教师与高等院校或科研机构的体育学科专家之间的合作互补，二是不同学校之间或同一所学校内部体育教师之间的合作互补，三是体育教师与学生之间的合作互补，四是体育教师与其他人员的合作互补等。

体育教师作为体育教学的实施者，身处教学的第一线，拥有较强的实践经验，但是繁重的教育教学工作，容易限制其参与体育教学资源开发的积极性和效果。而高等院校或科研机构的体育学科专家们虽有较强的体育教学资源的开发意识，也有较扎实的教育理论基础和教育科研能力，但缺乏像体育教师那样的实践经验。因此，只有将二者的优势结合起来，形成理论指导与实践操作的相互结合，才能使体育教学资源的开发方向更加明确，效果更加明显。

体育教师之间的交流与合作，对提高体育教学资源开发的质量与效果也有很重要的意义。这是因为：其一，体育教师之间的合作、探讨、经验分享本身就是开发体育教学资源的重要方法之一；其二，由于体育教师的活动空间、背景相对一致，或同一所学校，或同一个城市、同一个区、同一个县的几所学校，其在地域上有着相同的特点，通过相互合作，有利于开发出特色鲜明的体育教学内容。另外，体育教师之间的合作还可以使一个体育教师或一所学校在体育教学资源开发方面所取得的成果和经验，能够迅速在其他教师中推广，形成较强的示范作用，有利于体育教学资源开发的不断深入。

体育教师与学生的合作，同样也有利于体育教学资源的开发。学生在体育方面的知识、技能、经验等虽然不像体育教师那样经过了专业的培训，但他们在体育方面同样也具有体育教师没有的生活实践优势。表现在：第一，对于某个领域的体育知识，学生可能比体育教师掌握得更多；第二，某些运动项目特别是新兴运动项目的知识和技能，如山地自行车、滑板、轮滑、台球等，体育教师可能不如学生；第三，学生本身所拥有的生活和学习经验是体育教师不具有的。体育教师通过与学生合作，不仅可以大大提高体育教学资源的丰富程度和开发效果，也有利于使学生的经验进入体育教学，成为体育教学的重要内容。

在体育教学资源开发的过程中，体育教师与其他人员如学生家长、学校行政人员、教练员、民间艺人、社区其他人员等之间的合作也是非常重要的。也就是说，体育教师要充分地利用一切可以利用的"外力"来提高体育教学资源开发的效果。

（四）开发与利用相结合原则

开发与利用相结合原则是指在体育教学资源开发的过程中，不能单纯地为开发而开发，要注意使开发与实际利用结合起来，使开发的体育教学资源通过课程实施的各个环节能切实进入体育课堂而发挥其作用与功能。

以前，课程资源的地位和作用没有得到足够的重视，教材以外的课程资源开发力度严重不足。如今，课程资源开发问题已经引起关注，但这又可能导致另一个极端，即肆意开发各种资源，而忽视其实际的可用性。因此，体育教学资源的开发也应该注意尽量避免只重开发不重利用的倾向，既要注意开发的数量，又要注意开发的质量；既要树立积极开发各种新的体育教学资源的意识，又要善于分析、识别、发现已有的体育教学资源，把闲置的体育教学资源及时进行加工、改造和转化，使之进入体育教学而加以充分利用。

（五）时代性原则

时代性原则具有两个方面的含义，一是指体育教学资源的开发要反映现代社会发展的需求，二是指体育教学资源的开发要体现出鲜明的时代特征。

随着社会的不断发展和现代科学技术的日新月异，人们的生产方式和生活方式发生了巨大的变化。这种变化一方面使人们的生活更加舒适便利，另一方面对人们的健康带来了诸多不利影响，如人的生物性退化、人际关系淡化、社会应激水平增加等一系列问题。这种影响同样也波及大学生，例如当前大学生体质健康水平呈下降趋势，而心理疾病的发病率则有上升趋势。因此，改善和提高大学生的健康水平，便成为当今社会发展的需要。体育教学资源开发也必须满足这一需求，具体而言就是要尽可能开发出锻炼价值高、实用性强，对改善学生心理素质及提高学生社会适应能力作用大的体育教学内容。

健康的生活方式是现代人追求的目标之一。娱乐、健身、休闲正在逐步成为人们余暇生活的主旋律，而各种娱乐、健身、休闲的手段也在不断地更新，成为深受大众喜爱的新兴运动项目。体育教学资源的开发亦应该体现出这种鲜明的时代特征，要让那些有着浓郁生活气息和趣味性强的各种身体练习，通过加工成为体育教学内容的组成部分，以便为学生走出校门、步入社会奠定基础。

第四节　当前我国基本的体育教学原则

一、合理安排身体活动量原则

（一）合理安排身体活动量原则的含义和依据

合理安排身体活动量的教学原则是依据体育教学的特点，以及学生在身体锻炼过程中所承受的运动负荷的规律而提出的。具体是指在教学的过程中必须体现体育教学的本质特点——身体的活动性，要根据学生的身体状况和运动的特点，保证学生接受的活动量在身体承受范围之内，同时又能够满足学生掌握体育知识和技能的需要，以及身体发展的需要。①

（二）贯彻合理安排身体活动量原则的基本要求

根据对体育教学原则的分析和体育教学中相关因素特点的研究，得出了贯彻"合理安排身体活动量"这一原则的基本要求。

---

① 刘海军，刘刚，裴钢辉.基于素质教育导向的高校体育教学方法、模式改革理论与实践［M］.北京：中国纺织出版社，2019.

1.活动量的安排要服从体育教学的目标

在教学过程中,教师合理安排体育教学的活动量,实际上就是为了保证教学活动的科学性。因为合理的运动量的安排能最大限度地发挥体育教学的优势,促进教学目标的实现。如果某位教师在对学生进行身体训练的时候,运动量超过了学生的身体承受能力,则会对学生的身体造成伤害,无法保证"促进学生身心健康"这一教学目标的实现。

2.活动量的安排要符合学生的身体发展状况和身体发展需要

身体运动量的科学性能促进学生身体素质的提高,降低现代生活中一些不利因素对学生造成身体方面的影响。教师要科学地安排学生的活动量,首先应该对学生的身体发展状况进行研究,清楚学生身体发展的需要,这样才能保证活动量的合理性。

3.要通过科学的教程、教材和教法的设计合理安排身体活动量

体育教学运动具有复杂性的特点,运动项目多种多样,有的运动量大,有的运动量小,呈现出不平衡的趋势。因此在教学设计过程中要考虑到学生的运动量问题,以此进行教程、教材和教法的设计。

4.因人而异地考虑运动量

学生是教学活动的主体,因此要保证教学过程中运动量控制的合理性,应该以学生为重点,根据学生的身体特点因材施教地安排运动量,调节运动量的大小,在达到体育教学对学生整体要求的水平上,根据学生的身体强弱进行运动量的控制。

5.逐步提高学生控制运动量的能力

在体育教学过程中,除了要促进学生运动技能的提高,提高学生对相关运动的知识和要求的掌握外,还要教导学生一些判断运动量和调整运动量的方法和技巧,帮助他们合理地控制运动量,逐步地学会锻炼身体。

二、注重体验运动乐趣原则

(一)注重体验运动乐趣原则的含义

注重体验运动乐趣原则是根据体育教学的特点和学生在体育运动中情感的变化提出的。具体是指在体育教学过程中,传授学生体育相关知识和技能的同时,让学生感受到体育学习的乐趣,这样能使学生喜爱体育运动,并积极参加体育教学活动。

体验运动乐趣是人参与体育运动和体育比赛的重要目的。① 同时，让学生体验体育运动的乐趣也是提高体育教学质量的手段，因为体育教学侧重的是学生的学习活动，学生只有在体验到体育运动乐趣的时候，才会增加对体育运动的兴趣。有了兴趣，他们学习的主动性和积极性才能被充分调动，体育教师才能不断提高体育教学的质量。

（二）贯彻体验运动乐趣原则的基本要求

在体育教学过程中，贯彻体验运动乐趣原则的基本要求有以下几点。

1.正确理解和对待体育运动中的乐趣

每项体育运动项目都有其固有的运动乐趣，这些乐趣来源于这些体育运动项目的特征，体育教师要想充分挖掘和利用运动中的乐趣，促进教学目标的实现，首先应该正确地理解和对待它们，既不能无视它们的存在，也不能盲目地挖掘，要从体育教学目标、运动的特点、学生的情感倾向等方面深刻地理解体育教学运动中的乐趣。

2.注重从学生的立场理解教材

教师和学生是体育教学中的两大主体，是教学活动的重要组成部分。教师是教学活动的教授者，学生是教学活动的接受者。两者的立场不同，因此理解教材的角度就有所不同。教师往往从教学过程和教学目的两个方面理解教材，学生往往从乐趣和挑战两个方面理解教材。再加上学生是教学活动的参与者，是教学方法的受用者，也是教学目标的体现者，因此，应该注重从学生的立场理解体育运动中的乐趣。

3.让每一个学生都能不断获得成功的体验

体育与其他学科的根本教学目标一致，就是提高学生的知识和技能，使学生不断成长。但是与其他学科教学不同的是，体育教学是一个与学生的身体条件密切相关的教学活动。但是，每一个学生都会受到遗传因素的影响，在身高、体重和运动技能等方面有所区别。如果开展集体的训练活动，那么一些身体条件较弱的学生很容易在学习的过程中感受到差距。所以，为了保证学生在学习过程中的平等性，就必须通过各种教学的加工和教学方法的优化，让学生不断体验成功的乐趣，增加学生的自信。

---

① 陈玲.高校体育教学改革专业化理论研究［M］.北京：中国纺织出版社，2016.

4.处理好运动乐趣与运动技能之间的关系

一方面要让学生在运动过程中享受到成功的乐趣，另一方面又要明确体育教学的目标是提升学生的运动技能，因此在教学过程中要保证两者之间的统一。体育教学中有的内容偏重趣味性，有的则偏重技能性。只有趣味性和技能性两者相统一，才能促进教学目标的实现。因此，在教学过程中，要将趣味性和技能性较强的活动作为教学的重点，同时也要挖掘偏重技能性的活动中潜藏的趣味性，提升教学质量。

5.开发多种有利于学生体验乐趣的教学方法

在教学过程中，教师除了要重视体育知识的传授之外，还要善于采用多样化的教学方法帮助学生体验运动的乐趣。如在教学过程中，可以通过运动项目的特点，灵活地使用游戏法、比赛法、领会教学法等，让学生能够充分地、平等地体验到体育的乐趣，促进学生建立体育学习的兴趣。

6.体验乐趣不忘磨炼学生的意志

从我国的国情来看，现在的大学生多属于独生子女，在家人和社会的关爱中长大，因此对挫折的承受能力较弱，往往在经受失败之后容易自暴自弃。体育教学的目的是促进学生全面发展，因此在教学过程中不能忽视磨炼学生的意志，更不能一味地迁就学生的兴趣，要让学生在体验乐趣的同时得到磨炼。

三、促进技能不断提高原则

（一）促进技能不断提高原则的含义

促进体育教学技能不断提高原则是由体育教学的目标、社会的需求和身体发展的需求三个因素决定的，同时也是实现终身体育的基本前提和条件。该原则具体是指在教学过程中教师要通过各种教学方法的运用，不断提高学生的运动技能、提高学生的运动成绩，进而提升体育教学质量。

掌握体育教学的运动技能是通过体育教学提升学生的运动能力、发展学生的运动素质、提升学生运动技能的有效途径，也是让学生体验运动的乐趣、提升体育教学质量的前提，更是判断体育教学目标是否完成、检测教师教学能力高低的标准。

（二）贯彻促进运动技能不断提高原则的基本要求

促进学生运动技能的不断提高，是体育教学目标的重要组成部分，也是体育教学的意义所在。在贯彻这一教学原则的时候，应该做到以下几点。

1.正确认识运动技能在体育学习中的重要意义

掌握运动技能可以锻炼学生的身体，提升学生的运动素质，促进教学质量的提高。因此，教师在教学过程中，要注重提高学生的运动技能。

2.明确运动技能学习的目的，有层次地掌握运动技能

体育教学要求学生掌握运动技能，就是为了丰富学生的学习生活，增强学生的身体素质，保证学生的健康成长。因此，在教学过程中，开展以"运动技能的提高"为目的的教学时，要树立"健康第一"和"终身体育"的思想。将体育教学目标根据教学任务进行分阶段的划分，有层次和分门别类地让学生掌握体育教学大纲所要求的运动技能。

3.要钻研"学理"和"教学"，提高教学质量

要想提高教学质量，首先应该做到"知己知彼"。因此，要让学生很好地掌握体育运动技能，就必须详细地掌握运动技能的规律，特别是教学环境中的各种运动技能的特点和发展的规律。因为体育教学是一门较为复杂的学科，并且教学的时间相对有限，为了保证体育教学的效率，必须研究体育教学技能提高的途径和规律。

4.要创造提高运动技能的环境和条件

任何一种技能的学习都会受到环境和条件的影响，只有在环境和条件相适宜的情况下，才能最大限度地发挥教学的效果。影响这种环境和条件的因素，包括教师自身的运动技能和水平、教学场地和器材的优化，以及体育教师对学习氛围的营造。

四、提高运动认知、传承运动文化原则

（一）提高运动认知、传承运动文化原则的含义

体育运动是通过各种运动体验而形成的一种特殊的运动方式，而且从目前运动在人们生活中体现的价值和社会发展的趋势可以看出，人们对运动的认知能力的提高，不仅有利于身心健康，还有利于运动文化的传承和发展。①

提高运动认知、传承运动文化原则就是在进行体育教学时，通过对学生的体育知识和技能的培养，增加学生对体育运动的认识，加深学生对体育运动文化的

---

① 孙银蔓.高校公共体育理论课网络教学系统的分析与设计［M］.成都：四川大学出版社，2015.

理解，便于学生对体育文化的接受和传承。

（二）贯彻提高运动认知、传承运动文化原则的基本要求

在体育教学中，贯彻提高运动认知、传承运动文化原则的基本要求有以下几点。

1. 重视体育教学中的认知因素

重视体育教学中的认知因素，就是要在教学过程中，注重学生对运动技能的掌握和对体育运动文化的理解。加强学生对运动技能的认知有利于他们在今后的终身体育学习中对运动技能的运用，将体育运动很好地融入生活之中。

2. 注重培养运动表象和再造想象

运动表象和再造想象是学生掌握技能的基础，学生头脑中关于运动表象和再造想象储备的知识越多，对运动技能的接受、掌握就会越迅速和高效。因此教师在体育技能教学过程中，要不断地向学生演示运动的具体动作，并督促学生模仿练习，使动作得以巩固和熟练。

3. 注意开发有助于学生认知的教学方法和手段

方法和手段是实现教学目标的基础。体育教学是一种较为宽泛的教学，在体育教学过程中，要提升学生的运动认知和技能，就必须采取正确的教学方法和手段。在教学方法的选择上，要注重创新方法和层层深入方法的开发；在教学手段层面，要重视对娱乐性较强的教学手段的开发，从而帮助学生提高运动知识和技能。

五、在集体活动中进行集体教育原则

体育教学中的有些活动强调以小组为单位，这有利于在活动过程中增强学生的团结意识，提升学生的集体荣誉感。这也是体育教学的目的之一。因此，在集体活动中要注重集体教育原则。

（一）在集体活动中进行集体教育原则的含义

在集体活动中进行集体教育原则是指在学生进行集体性的学习活动时，要注重对集体荣誉感和团结性等集体活动特性的培养，增强集体的凝聚力，使学生形成正确的集体意识，养成良好的集体行为习惯。

体育教学活动主要以协同、竞争、表现为特点，这些特点主要是在集体活动形式中得到体现。再加上体育教学侧重于室外教学，受到场地、教学活动范围和

教学方式的影响,体育室外教学的开展一般以小组为单位,这使得体育教学具有集体性,因此在教学过程中要注重对学生进行集体教育原则。

(二)贯彻在集体活动中进行集体教育原则的基本要求

根据体育集体活动和集体组成的特点,将体育教学中贯彻在集体活动中进行集体教育原则的要求介绍如下。

1.分析、研究和挖掘体育教学中的集体要素

从体育教学的特点可以看出,体育教学中有很多集体性的要素,因此在进行体育教学的过程中,要注重分析、挖掘具有集体含义的要素,如团队的意识、共同的目标、互帮互助的活动形式等。教师在进行集体教学的过程中,将这些要素有目的、有意识地融入学生的集体活动和体育学习,以便促进对学生团结意识和集体荣誉感的培养。

2.善于设立集体运动的场景

在体育教学过程中衡量教学活动是否具有集体性的方法是检测集体是否具有共同目标、是否具有共同的学习平台,因为共同的目标和学习平台是集体运动的重要组成部分。

共同的学习目标是每个学生学习的动机和欲望;共同的学习平台是学习的场所和环境,能够体现集体的存在感。这两个要素能够让学生更好地凝聚在一起,互帮互助完成共同的目标。因此教师要贯彻教学中的集体教育原则,就应该善于设立集体运动的场景,如打篮球、进行拔河比赛等。

3.善于开发有助于集体学习的方法

要合理贯彻集体活动中进行集体教育原则的手段,就必须建立有助于集体学习的方法,这是促进教学目标实现的重要方法。如组织学生进行课堂讨论、分组进行某种运动技能的比赛等,这些教学方法将为体育教学中贯彻集体教育原则提供技术上的保证。

六、安全运动与安全教育的原则

安全运动与安全教育的原则是体育教学的根本要求,因为开展体育教学的目的就是提高学生的身心健康水平,如果脱离了安全这一宗旨,任何一种教学活动都不能称为科学有效的教学方式。

（一）安全运动与安全教育原则的含义

安全运动与安全教育原则是依据"体育运动中的特点"和"加强学生体育教学的目的"两方面确定的。该原则是指在教学过程中保证安全教育的同时，对学生进行安全意识的培养和教育。

众所周知，体育运动是由身体活动、野外活动、集体活动、器械运动等一系列运动组成的，因此体育运动是一种存在一定危险性的活动。初学者或是体质较弱的学生在学习某类活动的时候可能存在风险，但是这种风险是相对的，也是可以避免的。因此在体育教学之前，要进行严格的设计，以确保教学的安全性。

（二）贯彻安全运动与安全教育原则的基本要求

在体育教学中贯彻安全运动与安全教育原则的要求如下。

1. 教师必须全面细致地考虑到可能存在的安全隐患的所有因素

从长期的教学经验来看，体育教学中有很多可能存在安全隐患的因素都是可以预测的，如学生的身体差异产生的因素、器械的损害产生的因素、场地的不合理产生的因素、天气产生的因素等。在进行教学之前，教师只有根据这些因素进行合理的规划，才能保证教学的安全。

2. 时刻对学生进行安全运动教育

要在教学过程中贯彻安全运动与安全教育，就需要对广大的学生普及安全教育知识，让学生在学习的过程中时刻坚持安全第一的原则，这样才能将安全意识落到实处。

3. 建立运动中的安全制度和安全设备的管理

制度是约束学生行为的一种较有权威性的指标，建立运动中的安全制度，能够让学生在教学过程中自觉遵守安全行为规定，限制危险运动或行为。体育设备是体育教学中不可缺少的条件之一，也是危险的存在载体之一，因此要在教学过程中重视对设备安全的管理。

第三章
高校体育教学与学习的主体

第一节 体育教师

一、体育教师在高校体育教学中的地位

学校教育担负着提高民族素质，培养德、智、体全面发展的建设者和接班人的根本任务。学校体育担负着提高学生的身体素质、增强学生体质、促进学生身体与心理健康发展的重要任务。因此，体育是学校教育中的一项重要内容，是教育方针的一个重要组成部分，它与德育、智育、美育互相促进，相辅相成而又不能相互替代、相互割裂，共同构成学校教育的有机体系。

体育教师是实施高校体育教学的重要成员，从体育课的教学到各类课余运动队的训练，从每天的早操、课间操的组织到全校课外体育活动的辅导，从举办校内各项体育比赛到带队参加校外各级各类体育竞技比赛，都离不开体育教师的辛勤劳动，无一不凝聚着体育教师的心血和汗水，他们是学校体育活动的组织者和指挥者。他们不仅是人类灵魂的工程师，更是全体学生健康体魄的设计者与塑造者，是引领学生身心健康成长的指路人。体育教师的积极性如何、素质的高低，直接关系到全体学生的体育教育和健康成长，关系到他们的全面发展，也关系到学校在社会上的荣誉和形象。从这个意义上讲，体育教师在学校中的地位绝不是可有可无的，其作用和影响往往比一般的文化课教师更全面、更长远。

由此可见，体育教师所承担的历史使命直接关系到我国21世纪人才培养的素质和质量，关系到我国社会主义事业的建设，其意义是十分重大和深远的。因此，

要深刻认识体育教师的应有地位及其所担负的重大职责和使命,广泛宣传体育教师的工作意义和劳动贡献,大力倡导全社会形成关心、爱护和尊重体育教师的良好风气,各级教育行政部门和学校应切实加强和改进对学校体育工作的领导,改善和落实体育教师的待遇,从各方面为他们创造良好的工作环境和生活条件,努力提高他们的社会地位,充分调动体育教师的积极性和创造性,并采取有力措施,全面提高体育教师的自身素质。

二、体育教师的工作特点

(一)体育教师"一育兼一科"的工作广泛性

学校体育是德、智、体全面发展的教育活动的重要方面,是学校素质教育的重要内容与手段。可见,体育不仅是一门学科,更是实现教育目的不可忽视的"一育"活动。这就决定了体育教师的工作具有广泛性的特点。为了完成这"一育兼一科"的教学工作,体育教师不仅要承担多个班级的教学任务,而且要组织全校的早操、课间操、课外体育活动及校内外的各项竞赛活动。

(二)对学生教育影响的全面性

体育教学中的教材内容和课外体育中的运动项目,是经过专家精心选择和长期实践证明对学生具有全面教育价值的内容,是促进学生身心全面协调发展的教育载体。这些项目通过体育教师合理而科学地组织,可以培养学生自觉遵守规则与纪律、热爱集体、团结友爱、相互帮助的道德品质。参加体育锻炼和训练的过程是一个克服困难、艰苦磨炼的过程,也是对一个人的意志、性格、信念、情操的陶冶过程,它可以培养学生勇敢顽强、坚忍不拔的意志品质,以及沉着、机智、敏捷、自控等心理品质。体育教师还可以通过课内外的教学工作帮助学生形成文明的行为方式和良好的体育作风,提高学生热爱美、鉴赏美、表现美的情感与能力,从而自觉确立文明、科学、健康的生活方式,使其在德、智、体、美诸方面得到全面发展。

(三)室外工作的艰苦性

体育教师与其他学科的教师在工作时最显著的不同,是以其户外身体活动为主要表现形式,师生共同置身于"运动"活动之中。体育教师90%的上课时间是在操场上(或运动馆中),学生的学习空间比坐在教室里扩大十至几十倍,整个教学环境的开放性、空间广阔性大大增加,抗干扰性大大降低,学生在体育课内大多处于动态状况。这就对体育教学的课堂组织和教法提出更严密、更高的要求。

三、体育教师的基本条件

(一)高尚的道德品质

教师是人类灵魂的工程师,为人师表、爱岗敬业、无私奉献、教书育人都是教师的座右铭。体育教师不仅要有坚定正确的政治思想和强烈的事业心、责任感,有较好的个人修养与品质,还要严于律己、以身作则、衣着整洁、举止文明、精神饱满等,更要清醒地认识到自己所肩负的"传道、授业、解惑"重任,积极地在品德、技能、人格上不断加以完善,并潜移默化地去影响学生。

(二)深厚的理论基础与广博的知识面

1.基础理论知识

体育教学离不开身体运动,如果体育教师不了解运动中身体机能的变化特点和规律,对学生不但起不到锻炼身体、增强体质的教学效果,反而会给他们的身心健康造成不必要的伤害。因此,体育教师只有以深厚的基础理论知识为指导,才能更好地完成教学任务,使学生身心得到更好的锻炼。

2.专业知识与技能

为保证在体育教学中学生能够真正掌握体育基础知识与基本技能,形成较好的体育能力,体育教师不仅必须明确体育的地位、本质功能及一般规律与特性,掌握我国体育教育的目的和任务,体育教学的规律、特点、原则、方法等体育理论知识,还应掌握不同运动项目的基本理论、动作技术、战术、规则、裁判方法等专业知识与技能。所以,体育教师应不断更新自己的专业知识,并将新知识、新观点纳入教学实践中。

3.教育学、心理学知识

在体育教学中了解和掌握学生的心理特点,掌握向学生传授知识、技能的方法和技巧,是体育教师应必备的知识与能力。特别是为了应对越来越深入的体育教学改革,体育教师必须掌握教育相关的科学知识,熟练运用教育学、教学论、学校体育学、教育心理学、运动心理学、运动训练学等学科的原理与方法,通过良好的教育方法和技巧把自己的知识、技能传授给学生,并促进学生身心全面、和谐地发展。

4.横向学科知识

随着人类的发展、社会的进步，学生的知识面越来越广，对知识的需求量越来越大，这就促使体育教师要丰富自己的知识结构，开拓自己的知识面。除教学中所必需的知识外，还应掌握体育社会学、体育人类学、体育史、体育哲学、体育美学、体育行为学、体育管理学、奥林匹克等相关学科的知识，以开阔视野、发展思维。在体育教学中，体育教师若能善于运用这些知识解决教学问题，还能使学生获得更多方面的知识，从而丰富育人的渠道和形式。

（三）良好的专项技能技术

为了有效地促进学生身心健康，使其全面协调发展，更好地搞好体育教学、运动训练和群众体育工作，体育教师除了要熟练掌握至少一项运动理论和技术技能外，还要尽量多地掌握一些娱乐体育和休闲体育的项目。[1]对此，不仅要求体育教师必须在体育运动技术全面发展的基础上有所专长，在专项方面还要有较高的理论和技术水平，以适应学校运动队训练和开设选修课的需要。

（四）先进的现代教育思想和教育观念

思想和观念是一个人高层次心理需要的反映，它必将产生一种强大的内驱力去激励教师全身心地投入自己的教育教学中去。新时代的体育教师，必须具有素质教育、终身教育等全新的教学观、学生观、人才观。具体来说就是要从过去为升学服务、为比赛服务，转变为为提高全体学生素质服务；从只以考分、升学率、运动成绩为评价标准，转变为以发展学生全面体能与身体素质为评价标准；从重尖子、轻全体，重知识、轻能力，重灌输、轻启发，重讲授、轻自学，转变为面向全体学生，打好全面基础，发展体育能力，促进学生生动、活泼、主动地发展。

（五）全面的专业工作能力

1.教学能力

这是体育教师完成教学任务应具备的最基本的能力，也是体育教师综合能力的一个主要方面。它不仅表现在具体的教学水平上，而且表现在教学计划与决策、教学管理、教学评估等诸多方面，大致可归纳为：对课程标准、教学指导纲要、学校体育工作条例等文件的理解和贯彻能力，制定科学的教学管理措施和办法的

---

[1] 陈轩昂.新时期高校体育教学的改革与发展[M].北京：航空工业出版社，2017.

能力,对教学效果进行客观评价的能力,制作各种教学文件的能力,选择、加工、开发教材的能力,创造性地设计教学策略的能力,严密的教学组织能力,调动学生学习与锻炼的自觉积极性的能力,及时反馈教学信息并根据信息反馈采取针对性措施的能力等。

2.教育能力

作为一名教师,对学生进行教育是自己义不容辞的职责。我国教育历来强调教师要教书育人、为人师表,体育教师在这方面有着更加特殊的不可推卸的责任。在课内、课外的各种体育活动中,同学之间、师生之间接触频繁,各种情感体验较多,学生的思想作风最容易真实地表现出来。教师如能抓住各种有利时机,挖掘教材内容的多种教育价值,开发教学方法、手段的不同教育价值,针对学生在学习过程中的变化、进步采取相应措施,及时对学生进行思想品德教育,必将会收到意想不到的效果。

3.训练能力

体育教师在搞好教学的同时,还必须在一两个项目的运动训练方面有较深的造诣,以便更好地完成学校的课余训练和对外交往比赛的任务。其具体体现在:制订和实施训练计划的能力,科学选材、科学训练的能力,管理代表队和组织比赛的能力等。

4.运动能力

体育教师的运动能力是从事本职工作的最基本能力。它既不同于一般人从事自我身体练习的普通运动能力,又不同于专业运动员参加比赛和训练时的特殊运动能力,而是一种面向学生群体进行专业教学,规范化与普通化相结合,能够与教学、训练手段有机结合的专门能力,具体表现为规范熟练的动作示范、把握动作技术环节、及时发现与合理纠错等。这种能力的培养与提高,除需要不断地钻研运动技术理论、学习新技术新动作外,还要注意根据不同的教学、训练对象在实践中积累。

5.组织能力

体育教师除了应具备以上所述的多项能力外,还应具备较好的组织能力。这是体育教师将自己的专业知识和技能服务于社会的具体表现。这种能力包括:能正确运用队列队形组织开展"两操一课"活动的能力;能担任各种临场裁判工作,组织开展"达标"活动和中、小型运动会的能力等。

6.科研和创新能力

教学过程实际上就是科学研究的过程。现代教育要求体育教师不应只是个

"教书匠",还应是一个具有强烈时代感、不受固有观点和模式的约束、积极探索、勇于发现、敢于开拓新领域,并在创新中生存、在开拓中发展的科研型教师。科学研究能提高教师的业务、理论水平,促使教师去接受新的知识和信息,了解新的动态,站在学科发展的前沿,使体育教学更具有新颖性、丰富性和新时代的气息。科研能力也是衡量一名优秀体育教师的重要方面,教师的素质也只有在教育科研和教改实验中才能得到真正提高。

7. 社会交往能力

现代社会,人才竞争激烈,机会稍纵即逝。一项调查显示,当代中国名人具有越来越强的自我推销意识,这种意识对他们事业的成功具有很大的帮助。因此,体育教师有必要树立具有时代感的新形象,通过与不同部门人群的交流沟通,让社会了解体育教师工作的性质和意义,开创学校体育工作的外部条件与环境,展示体育教师各方面的才能。而且,体育工作本身也是一项最具广泛群众基础的工作,学校体育不仅是体育教师的事,而且会与班主任、少先队、共青团、后勤管理等部门发生多种联系;不仅要面向全体学生,也要面向社会,因为广泛的社会接触既有利于对学生的教育,也有利于全民健身计划的实施。

(六)良好的心理品质和强健的体魄

教师良好的心理品质是完成教育任务必不可少的,主要包括正直、公正、谦逊、团结、热情、和蔼、善良、宽容、自制、乐观、进取等方面的素质。教师的个性对学生心理的影响是明显的,建立良好的师生关系和良好的课堂气氛才能使学生在学习上实现共同合作。这是学生取得更好成绩的主要因素之一。一方面,只有教师在教育中实现了主导作用,学生的身心才能朝着社会要求的方向发展,而这种主导作用能否得到很好的发挥,很大程度上取决于教师的个性品质。另一方面,未来教师的活动空间更大、影响范围更广,要受到不同年龄层次、不同知识结构的个体的监督和效仿。因此,体育教师必须具有良好的心理承受力和抗挫力,并能及时、有效地调控好自己的情绪,愉快地与他人合作。

良好的身体素质是体育教师终身锻炼的需要,也是进行体育教学、提高运动技术水平、适应社会体育工作的必要条件。因此,体育教师必须重视身体素质的提高。体育教学有一个明显的特点,即显著的直观教学。所谓"百闻不如一见",体育课上给学生做示范是十分重要的,这就需要体育教师有较好的身体素质与技能基础、充沛的体力和熟练的技巧,能给学生增添信心和力量,加强学生的直观感知和对教师的认同感,进而提高学生的学习兴趣,显著改善上课效果。

第二节 体育教师的教学素养与执教能力

一、体育教师的教学素养

(一)体育教学策略

所谓教学策略是指为达到教学目标所采用的符合学生认知(技能形成)的教学方法、步骤及行为方式的综合艺术。教学策略涵盖教学方法,但不等于教学方法,它的外延比教学方法宽广,层次比教学方法更高。

1.体育教师教学策略的特征

体育教学策略包括对体育教学过程、内容的安排,对教学方法、步骤、组织形式的选择。由于这些因素的组合方式多种多样,决定了体育教学策略的复杂多变性。认识体育教学策略的特征,可以加深对体育教学策略的把握,更好地开展体育教学活动。

2.体育教学策略的类型

(1)以教师为主导的教学策略

在这种体育课堂上,由体育教师选定教学内容、教学目标、教学方法和教材,确定每项活动延续的时间,制定评估标准,并评定每个学生的成果。它可以应用于不同的人际关系与教学氛围之中,但最适用的是教师采取权威式或家长式的姿态,而学生具有较低自由度的情景中。

(2)以教学任务为中心的教学策略

就整体而言,该策略比上一种策略开放。该策略的实施要求体育教师在明确教学任务后,做非常细致的准备并进行复杂的设计,在教学实践中检验结果。这种策略最典型的教学方法是程序教学法。教学的程序是根据学生所要达到的教学目标而设计的,一般包括描述一系列与目标相关的活动、成功的标准以及必要的入门技能。学生的技术学习按常规的步骤进行,完成了前一步的学习便可以进入下一步。每一步中都包括知识、测试、纠正错误三个环节,测验时需要达到80%~90%的正确率。

（3）以项目为中心的个别或合作教学策略

这种策略所涉及的是一个更为灵活的情境，该情境要求体育教师掌握合作、管理的技能，建立民主的班级气氛，尊重学生的参与。其体育教学活动方式往往是教师与学生为达到预定的目标，一起选取和分析与教学方法、任务、程序及其相关的各教学项目。在体育教学活动中，体育课由教师与学生共同合作完成。先由学生意识到需要掌握某种运动技能，产生学习这种能力的愿望；教师再告知他们掌握这种技术的基本原理，让学生自己设计练习步骤。如果学生在学习中出现偏差，教师再加以启发引导。

（二）体育教学艺术

体育教学艺术是指教师在体育课堂教学活动中，在遵循教学基本原则的基础上，熟练地掌握和创造性地灵活运用教学方式、方法的艺术。

1. 导入的艺术

无论是复习课还是新授课，是理论课还是实践课，对学生来说都应是尚未经历的新的学习情境。所以体育教学过程开始都面临一个如何导入新的教学情境的问题。"情境教学法"就是通过创造情节、情境，使学生在生动形象、情景交融的教学氛围中进行学习的教学技法。要创设一种生动感人的教学情境，使学生为之所动、为之所感，产生共鸣，激励他们进入新的教学情境。其基本要点是"情"和"境"，通过"境"来表现和感染"情"，通过"情"来深化"境"。使用情境教学法最本质的要求是根据"情"来创造"境"。常言说："良好的开端是成功的一半。"体育教学过程开始的情境导入环节，就像一台戏的序幕，如能将其设计和安排得富有艺术性，就能带动整个教学过程，收到先声夺人、一举成功的奇效。如何才能有艺术地导入新的教学情境呢？应该说，不存在统一的万能模式，需要体育教师根据自己的教学风格和教学内容灵活地创造。在这方面，可以借鉴已经创造出的很多行之有效的导入艺术表现方法。

（1）新旧知识联系法

新旧知识联系法，就是在导入新课时，借助与新教学情境密切相关的旧知识，与之建立联系，从旧知识中获得对新知识的预测、想象，进而让学生产生学习的兴趣和动力。一般来说，一个新的教学情境能使学生感到新鲜、未知，从而产生一种好奇心，但这种好奇心要转化为学习兴趣，则必须借助于新旧知识的联系。教学心理学的研究表明，面对好奇的信息，学习者一般会根据已有的知识进行选择，而那些与旧知识存在联系的信息更会引起学习的兴趣。我国体育教材内容的排列方式之一是螺旋排列,即某些教材内容(如跑、跳、投等)在各年级反复出现,但这不是简单机械的重复,而是在质与量方面逐年提高、逐年增加。这种排列方式的教材最适宜采用新旧知识联系法导入新课。

(2)悬念法

悬念法,就是在新的教学开始前,教师根据教学内容提出问题或矛盾,造成悬念,引起学生的好奇心和求知欲,进而使学生积极投入新的教学之中。直线排列形式的体育教材适合于使用悬念法导入新课。不过使用悬念法必须掌握三点:一是悬念要有针对性,符合学生的心理特点和学习水平,悬念难度要恰当,为学生未知但经过思考后便可得知的;二是悬念必须与教学内容或情境相符、相关,否则效果会不理想;三是悬念要突出一个"悬"字,悬念不同于一般问题,它更具有艺术魅力。

(3)图画演示法

有时在学习新动作、掌握新技术的教学中,仅靠教师的一两次示范还达不到预期的效果,特别是那些转瞬即逝、难以感知的技术动作,不易留下清晰的印象。因此在讲解时,体育教师可将不能静止演示的动作用图画(或小黑板)显示出来。为突出动作重点,还可用不同颜色标出要强调的动作部位,如胸内侧踢球的触球部位,这样学生就很容易看得清楚了。图画显示要与示范相结合,再加上教师指点启发,就会给学生以栩栩如生的情景实感,如能用人体模型做演示效果会更好。

(4)音乐渲染法

适当采用音乐会给学生以美感,对调节课堂气氛与实现教学目标起到良好作用。例如,在课前准备时可选用雄壮激昂的进行曲,使学生的大脑兴奋性增强、生理代谢旺盛,情感迅速交融于课堂中来;在课中可以选择轻松明快的抒情曲作为练习的"画外音",使学生保持亢奋状态、注意力集中,减少失误;在课程结束时可以选用悠扬舒缓的音乐,以对神经系统起到特殊调节作用,使大脑兴奋和抑制平衡,利于学生消除疲劳。

(5)模拟象征法

模拟象征法,就是通过精心设计,以模拟的方式创造出一种氛围,使学生置身于一种新的情境中。如在发展耐力教学中,教师可在校园内利用自然物巧设障碍、封锁线,使学生通过快跑、慢跑、跳越、爬越、攀越各种障碍而进行饶有兴趣的障碍跑。还可以通过精心准备,组织一场"明星队"间的球类比赛等。通过模拟或象征创造性地组织教学可以保证体育课的顺利进行,提高体育课的教学效率。

2.课堂集中注意力的艺术

体育课空间范围大、干扰因素多,学生的注意力很容易被分散,如不能加以引导和调控,会直接影响教学效果,完不成预期的教学任务。体育教师如何巧妙、迅速地将学生的注意力集中起来,并引导到教学内容上来,是一种艺术。

(1) 准备部分集中注意力的艺术

①报数击掌法。教师发出报数口令后,要求某列学生按排列顺序报数,其他学生击掌并默数,每逢3或3的倍数,停止击掌并齐声报出该数;或者集体报数,每逢5或5的倍数时,停止报数而一齐击掌。

②目光运动法。教师可手持一球或其他教具,做上下左右运动,令学生目光注视教具不停运动。或教师用接力棒在空中写字(空书),让学生准确地说出所写的字来。

③信号辨答法。教师先把各种体育动作用简单的符号或做出手势代替,然后教师说出符号或做出手势让学生迅速做出相应的动作;或教师做出动作,让学生立即回答与之相应的符号或手势。

④成语接力法。教师先说出一个成语,第一个学生按"顶针续麻"修辞法马上说出第二个成语,依此类推。如5秒钟内接不上,由间断者后面的同学代说,或从间断处重新提出一个成语。

⑤叫号赛跑法。教师喊号,被叫到号码的学生立即按要求奔跑。叫号方式要多变,可以出示数字卡片,或打手势。

⑥"照镜子"法。该法又叫"跟我学",由教师或引导人领做各种简单动作,让学生像照镜子似的逼真地模仿;引导者迅速而不断地变换动作,没有固定节拍间隔,学生无规律可循。这样能迫使学生集中注意力,全神贯注地盯着"镜子"进行模仿。

(2) 课中集中注意力的艺术

①以静制动法。教学过程中,若有学生说话或做小动作,可让所有学生同时闭目,默念某动作要领,如"支撑跳跃:踏板、摆腿、推手、抬头、落地",连续3～5遍,使学生安静下来。

②目光暗示法。当教师发现个别学生精力分散、注意力不集中,可靠近他并用严肃的目光做暗示:"我看见你走神了。"这样学生就会马上集中精力上课。

③提问提醒法。教师在教学过程中若发现个别学生心不在焉,不听讲解或不看示范时,可以有意向他提问动作要领或练习时应注意的问题,借此提醒他应该集中注意力。

④信号刺激法。当课中学生受到外界刺激干扰，不注意教师的讲解示范时，教师可采用提高声调、击掌、口令、鸣哨等方法集中学生的注意力。

⑤变换条件法。当环境条件复杂、干扰大到无法完成教学任务时，教师应当机立断变换教学条件或更换场地，及时采取应急措施，变被动为主动。

学生注意力集中是上好体育课的重要条件。因此，教师要根据学生的年龄特点和心理特征，结合教学的具体内容，选择学生兴趣浓、针对性强、适合学生心理需要的练习，使学生的注意力指向课堂。

3.语言运用的艺术

在体育教学中，"语言的技术"和"技术的语言"是体育教师的两大法宝。曾有人提出：一个优秀的体育教师应该既是体育技术大师，又是语言大师。就语言而言，体育教师常用的语言艺术有以下几种。

（1）开讲语言的运用

成功的开讲导语，往往会给后续教学奠定良好的基础。教师在上课时采用什么方式的语言开讲，运用什么样的导语作开场白，对于调动学生学习积极性、稳定学生情绪、集中学生注意力、使师生之间产生心理共鸣等，具有重要的影响和作用。常用的开场方式有以下几种。

第一，表扬式。教师在进行动作技术教学前，对学生进行鼓励、表扬，使学生在学习时处于一种积极的心理状态。如教师对前一节课学生的学习情况进行评价表扬，根据平时了解到的这个班学生课外体育锻炼、竞赛活动中的典型人和事及"达标"情况，给以简短的表扬和鼓励。

第二，检查式。教师在课前检查学生上课前的准备情况，如服装、课后作业完成情况等。也可以让学生自查，对检查结果及时提出中肯的表扬或批评。

第三，引导式。教师告诉学生这堂课的学习内容、教学目的、任务、教学方法等，把学生注意力引导到学习活动中来。

第四，命令式。教师用命令的口气向学生提出严格的要求，以引起学生对这堂体育课应有的重视。

第五，宣布竞赛式。教师在上课开始时就告诉学生，这堂课要进行什么比赛，要看哪个组的学生守纪律、认真学习、掌握动作最快。学生的行为往往受直接动机的支配，提前宣布竞赛活动的目的就是要调动他们的直接动机。

（2）教育语言的运用

教师在对学生进行体育精神培养教育中，常常把体育竞赛激烈壮观的场面、运动员顽强拼搏的精神，通过艺术性语言描绘呈现给学生，使学生如身临其境而激动不已。

教育心理学和社会心理学都肯定了鼓励的沟通功能。当一个学生的长处被教师发现和肯定时,就意味着自我价值得到确认,就会产生积极的情感效应。这是一种心理的亲和,也是感情接纳的开始;是对人的深层的精神抚慰,也是挖掘人的潜能和价值的艺术。①体育教师要慧眼独具,善于观察和捕捉每一个学生在课堂上偶尔迸发出来的思想火花、智慧行为,并予以及时的肯定和鼓励,创造出你追我赶、人人进取的课堂氛围,这对良好个性的发展和优良品德的培养,都会产生不可忽视的作用。

(3) 讲解语言的运用

在体育教学中有意识地运用多种讲解方式,可以启发学生思维,提高教学效果。

第一,形象讲解。教师通过生动形象的语言,讲解动作的概念、要领,使学生在头脑中对感知过的旧事物表象进行重新组合,进而出现独特且鲜明的形象。如为了加深学生对支撑跳跃"撑箱"动作要领的理解,教师可以解释说"撑箱的一刹那就像手撑在一块烧红的铁板上"。学生脑海里马上就会把"烧红的铁板"与"支撑过箱"的新旧表象自然组合起来,出现快速有力的支撑过箱动作形象。

第二,联想讲解。这是为帮助理解所讲事物而联系有关事物的讲解方式。如用"站如松,行如风"来要求学生形成良好的静态和动态的神韵,用"像拉满弦的弓一样"来讲解投手榴弹持弹动作和出手时的速度要求,把动作要求与具体的事物形象联系起来。在启发学生思考时常用因果联想。如教学中教师问学生:"怎样才能跳得远?"学生答:"靠水平速度和垂直高度的结合。"教师又问:"结合的关键是什么?"学生立刻联想到"踏跳"。联想讲解有助于巩固旧知识、理解新知识,使知识系统化。

第三,比较讲解。比较就是帮助学生在头脑中把同类对象加以对比,确立它们之间的共同点、相异点的方法。在体育教学中讲解跑的后蹬动作,既可请两人做同时比较然后讲评,也可对一个同学练习过程前后阶段加以比较并从中说明。比较是理解和思维的基础。

(4) 指导性语言的运用

学生的能力、兴趣、性格客观上存在着差异,这就要求教师在指导学生练习

---

① 刘少华.高校体育教学中学生意外事故的善后处理与舆情对策研究[M].长春:吉林文史出版社,2018.

高校体育教学理念及模式创新研究

时要区别对待,要有针对性地运用不同的语言,或一针见血、直截了当,或循循善诱、引而不发。对此,深入透彻地了解学生是前提。不同年龄段的学生,生理、心理特点不同;同一年龄段的学生,个性也不同。教师必须根据学生实际情况决定指导性语言表达方式。风趣、幽默的语言用于正面教育时,胜过空洞的说教;用于批评错误时,胜于简单粗暴的训斥;用于指导动作时,则有助于加快学生对技术的理解、记忆和掌握。如"回头望月""二郎担山""天女散花"等词语,都可以用作学习和纠正某一部分动作时的夸张性语言。又如对多血质气质类型的学生,可适当采用限制性和严格要求的语言;对粘液质气质类型的学生,则应多采用激励性的语言。

(5)单字讲解的运用

单字讲解技巧是体育教学中常用的一种形式。其特点是简洁、精练、生动、准确,能用最短的时间,达到最佳的讲解效果。

第一,单字要合理筛选。单字讲解主要是把每个技术动作的要领压缩为一个单字,点出动作的关键所在,并运用自如,恰到好处地体现出高度概括性和艺术性。这就要求体育教师首先对单字进行合理筛选,使其用意准确、恰如其分。如鱼跃前滚翻的鱼跃动作,要领是由半蹲开始,两臂前摆,两脚蹬地向前上方跃起,可见"蹬"和"跃"是要领中的关键,抓住"蹬"与"跃"就抓住了技术的要领。

第二,单字要组成序列。对于复杂的动作要素很难用一个单字概括来准确表达,这就必须先把动作按先后顺序分解,再根据动作要素特点组字,然后把单字顺序排列串联起来。如单手肩上投篮动作,可讲解为"蹬(地)、举(球)、仰(臂)、压(腕)、拨(球)";推铅球最后用力动作,可讲解为"蹬(地)、转(髋)、挺(胸)、推(球)、拨(指)"。这两组五个单字分别把整个投篮动作和推铅球用力动作要素连贯概括起来,使学生看、听、想、练有机结合,就能学得快、记得牢、领会深。

第三,单字讲解要依赖动作示范配合。单字来源于动作要领,要使学生掌握单字,还必须依赖教师逐字进行动作要领示范,真正把"教、学、练"统一起来。如教师教学头手倒立时,首先从蹲撑开始讲解,边示范边突出撑(手、前额)、提(臀)、举(一腿)、蹬(另一腿)、并(腿)、展(额)、挺(身)。俯卧式跳高过杆要领讲解时,要边示范边突出旋、转、收、潜、展。这样边讲边做,学生就能掌握每个字的动作要领。

第四,单字讲解体现精讲多练。学生在练习中感到疑难时,教师采用单字讲解及时加以提示点拨,有利于提高运动密度,体现精讲多练原则。如学生练习双杠的分腿坐前进至远端,当学生跳上成分腿坐后,身体不能前移时,教师便可在一旁以口令形式提示:推(两手推杠)、挺(身)、握(两手在腿前握杠)。

(6)口诀的运用

口诀具有文体新颖、简洁明快、上口易记、重点突出等特点,用于体育课的讲解示范,可以起到集中学生注意力、引起学生兴趣、改善学习效果等积极作用。体育教学的口诀种类如下。

第一,叙述动作过程类。如原地推铅球技术动作过程的口诀可总结为"蹬—转—挺—推—拨";排球垫球技术动作过程的口诀可总结为"插—夹—抢"。

第二,指示技术动作要求类。如蹲踞式起跑技术动作要求口诀可总结为"慢提臀,高肩三(3厘米),重心前移至两肩,颈放松,眼看地,两脚压蹲起跑器"。又如跳远助跑技术动作要求口诀可总结为"动作放松自然跑,富有弹性节奏好,上下不跳不摇摆,双目平视很重要,板前节奏有变化,'二大一小'狠踏跳"。

第三,突出技术动作要点类。如纵箱分腿腾越技术要点口诀可总结为"含胸屈膝臂远伸,直臂顶肩腰腿紧,快速有力推器械,挺胸展髋臂上振"。

第四,表达技术动作运用类。如篮球跳步急停持球突破口诀可总结为"轻跳接球看对手,落地屈膝把位错,判断准确蹬地起,跨步侧身快运过"。

必须说明的是,口诀的使用价值取决于口头编创的科学性与艺术性。

4.过渡与结课的艺术

(1)分析性方法

该方法主要用于前后环节的教学内容在逻辑上是存在层次深化关系的衔接,即后一环节是对前一环节的进一步深化,表现出某种层次性。运用分析性方法的要点为:讲清前一环节教学内容的基本思想和含义(这是进行分析性衔接的前提)。体育教师要向学生揭示该环节的思想、含义及将要继续发展的方向,使之做好"接下来"的心理准备,再自然地引出下一个教学环节。如讲授"运动与健美"知识时,共分五点:健美的实质与意义、健美的时代性与民族性、健康是健美的基础、健康的标准、怎样进行健美锻炼。这五点内容之间就有层层深入关系,适宜于用分析性方法。[1]运用此法能给人以步步登高之感,使整个教学过程富有逻辑性和紧凑感。

(2)演绎性方法

该方法主要用于前后环节的教学内容在逻辑上是推论关系,具有应用关系的

---

[1] 刘伟.高校体育教育创新理念与实践教学研究[M].北京:九州出版社,2019.

衔接。即后一环节是前一环节的推论或具体应用，前一环节是后一环节的逻辑前提时，宜用此法。其要点是：讲清前一环节所得出的一般性结论或规律（这是进行演绎性衔接的前提）；向学生揭示该环节的结论或规律将要推出或应用的方面，使学生形成"接下来"的心理定式；再顺势引出下一教学环节。这一方法较多地在体育基础理论教学中采用。

（3）启发性类比方法

该方法适用于前后环节的教学内容虽然性质不同，但具有类比关系的衔接。运用启发性类比方法，主要在于使学生顺着联想的思路，由此及彼，从一个教学环节进入另一个教学环节。其基本要点是：讲清前一环节中同类的特征，以便激发学生的类比联想，引入下一个教学环节。运用启发性类比方法时可用提问、分析、对比等方式，需要抓住技术动作衔接间的矛盾、难易转化的矛盾、学生预测期待与能力强弱的矛盾，恰到好处地略加点拨，往往会给学生以茅塞顿开的感觉。

二、体育教师的执教能力

（一）体育教师执教能力的内容

1. 组织教材的能力

组织教材的能力是指教师根据教学大纲的教学目的、学习内容、教学条件及学生的实际情况来制订教学计划，决定教学的难点、重点及讲解示范的详略和对教材内容的取舍能力。因此，在教学中，教师应认真学习体育教学大纲和教材，系统地分析、了解和掌握各项教材内容的目的、任务和要求，并能根据课上的任务、学生实际情况及教学条件等认真处理好每堂课的教学内容。体育教师要从整体上把握教材的编排序列，明确学年、学期的教学内容，明确每一次课在整体教学中所处的地位和作用，正确掌握动作要领、突出重点、突破难点。只有这样，从整体分解到局部，再由局部教学来实现整体目标，才符合教学最终的目的。

2. 选用教法的能力

选择和运用好教学方法，是提高教学效果的重要环节。在选择教学方法时，教师考虑的方面越多，教学过程中所取得的效果也会越好。现代体育教学方法多种多样，体育教师应对各种方法有全面的了解，通过比较，多中选优。教法的选择要有针对性，必须符合教学原则、教学目标、教材特点、学生的学习可能性、教师本身的可能性、学校的教学条件和所规定的教学时间。选出的教学方法，还需有效地加以运用，为此，要特别注意教与学的配合，保证师生双方的协调活动。要充分考虑学生的外部表现和内部变化，使学生能主动地学习，还要根据学生掌握知识技能的不同阶段，使教学方法的运用既能前后有机联系，又能体现出区别对待。

3. 教学组织能力

体育教师的课堂教学组织能力是上好体育课的重要条件。体育课一般在室外进行，外界环境干扰较大，学生人数多，学生兴趣和爱好不一致。因此，体育教师必须具备较好的组织管理能力。体育教师的组织管理能力主要表现为：课堂教学管理、课余训练、课外活动、体育竞赛的组织管理，以及对学生思想进行疏导、管教等几个方面。

4. 语言表达能力

体育教师课堂上的语言表达能力主要表现在讲解流畅、口令准确、吐字清晰、声音抑扬顿挫，以及表情、姿势、手势等方面。体育教师的语言表达能力，将直接影响到教学或训练的效果。教师语言描绘的形象性、生动性、准确性与幽默性，可唤起学生有关的记忆，调动学生身体与心理的协调活动。

体育教师的教学语言应力求无声语言和有声语言的结合。无声语言主要是表情达意的目光语、充满爱心的微笑语、得体适度的手势语和优美规范的身体语（示范动作）。体育课中的无声语言，对于增强学生的学习信心，使其积极大胆地参与各种练习活动具有特殊的功效。有声语言是指口头语言，它要求体育教师讲好普通话，具有良好的发音、清晰的声调、响亮的口令、准确的吐词，指示应明确，讲解、比较、评价、结论应恰如其分。课堂上应尽量减少乃至消除"嗯""啊""这个"之类的多余话，出现这类的多余话，无疑是对课堂时间的浪费。所以，体育教师应特别注重对自己语言技巧的培养和提高，以便更加有效地掌控体育课堂教学的顺利进行。

5. 动作示范能力

动作示范能力是体育教师有别于其他学科教师的一种特殊能力，是直观性原则在体育课堂教学中的具体表现。在动作技能形成的第一阶段，教师最初的动作示范应当是正确的、优美协调的、完整和常速的，这有助于学生形成正确的动作表象及动作概念，也有助于激发学生的学习动机。在动作技能形成的第二阶段，教师可以根据实际教学的需要改变示范的方式，例如做环节示范、正误对比示范或者慢速示范等。做完整动作示范时，应使学生看清动作的全过程、动作的阶段和各阶段的衔接。做分解动作或做某一动作的细节时，应使学生看清楚完成动作的方法、要点，以及四肢、躯干的配合等。教师在示范之前应先讲清动作的全过程和所划分的阶段，以及应注意的要点。对于可以停顿或做慢速度的动作，可边讲边示范，也可边示范边启发学生回答出完成动作的方法和要点，也可要求学生模仿教师的动作，使其边听、边看、边想、边做，把注意力集中到学习技术动作上去。教师的动作示范要选择适宜的时机和位置，并根据需要和场地等具体情况，做正面、侧面和背面的示范动作，同时还要注意不使学生迎着阳光、风向和容易分散注意力的方向站立。

6.教学保护与帮助能力

保护与帮助是体育课教学中不可忽视的一个重要环节，是体育教学中常采用的一种有效预防创伤的措施。教师要掌握好为他人保护、自我保护、直接帮助、间接帮助、利用器材帮助等的动作要领及方法。同时，要学会选择适当的位置，把握准确的时机。在教学实践中，应通过师生的共同努力尽量避免伤害事故的发生，更好地保证体育教学任务的完成。

在技术练习中由于学生的身体素质和心理状态不尽相同，他们在完成练习时可能会出现某些错误动作，或因恐惧心理不敢参与练习，甚至造成伤害事故的发生。课堂上教师正确的保护和帮助，可使学生克服恐惧心理，树立起学习的自信心，避免伤害事故的发生，更好地完成课堂教学任务。有些练习尽管学生能够完成，但由于理解动作或身体感觉不准确，完成动作的标准和质量都达不到教学要求。在这种情况下，教师应及时给予学生帮助，使学生技术动作做到位，正确地感受到技术动作的要领，无疑对学生掌握技术是一个良好的促进。

7.教学评价的能力

教学评价是教师应具备的教学能力之一。它包括课中评价和课后总结两个方面。课中评价主要是对学生在课堂上的活动做出及时、恰当的言语评价。言语评价的作用在于能让学生及时了解自己的学习结果，从中获得信息反馈，提高学习兴趣和效果。同时学生在肯定性的评价中获得心理上的满足，从而保持学习的积极性和主动性。课后总结包括课堂总结和课后小结。课堂小结主要是对学生在课堂上的表现做出恰如其分的评价，总结优点，找出不足，指出努力方向。课后小结主要是对课堂上的组织教法、课程的实施状况及教学效果进行一个全面的分析和总结，并提出改进的意见和方法。

8.评析教学活动的能力

对体育教学的评析不能只着眼于一节体育课，而应把体育教学作为一个完整的过程进行分析和评价。体育教学的评析能力包括教师自身教学效果和学生学习效果的评析两个方面。

对体育教师教学效果的评析，首先应评析一节课在整个教学过程中的地位，各环节与课的整体关系。其次评析教学目标与教学活动的选择是否一致，在教学活动中是否贯彻了因材施教、区别对待的原则，是否考虑了学生的主观能动性、培养了学生的兴趣、发展了学生的个性，教学方法是否符合人体活动规律和学生生理、心理特点等。最后通过对学生的考核，分析学生的学习结果与教学目标的差距。教师通过以上自我评析，总结教学经验，改进教学方法，提高教学质量。

对学生学习效果的检查、分析和评定所得的各种数据十分重要。从中可以发现学生的学习效果与教学目标的差距，找出教与学中所存在的问题及产生的原因，从而提出改进教与学的措施。对学生学习效果的评析应综合学生整体教学活动中的发展过程和结果，应多鼓舞学生学习、坚持锻炼，从而促进教与学的双向活动，使教学目标和学习目标趋于一致。

9.电化教学能力

随着时代的发展和科学技术的进步，越来越多的先进的电化教学手段已进入体育教学领域，投影、录像、多媒体等已逐步应用于体育课堂教学。这些先进的电化教学手段，形式新颖、内容丰富、知识含量大，对学生有较大的吸引力，容易使他们的注意力集中到课堂教学过程中，接受更多的知识。体育教师应当熟练地掌握和运用各种电化教学手段，这是教育发展的需要，也是教学改革的具体要求。尽快提高电化教学能力，全面改善体育教学工作，是摆在广大体育教师面前一项艰巨而又重要的任务。

（二）体育教师的执教能力的培养

1.强烈的事业心和责任感

崇高的理想和强烈的事业心是培养提高教学能力的前提和动力，也是自己不断要求进取的出发点。体育教师要安心本职工作，要强化自身的专业知识，加强对体育功能和意义的理解，增强自己的事业心和责任感，通过各种方法提高业务能力，从而使自己成为一名合格甚至优秀的体育教师。

2.加强基本运动能力训练

在教学中，教师的动作示范是必不可少的，而示范动作质量的好坏会直接影响教学效果。因此，教师自身的基本运动能力极为重要。体育教师不仅要掌握基础理论知识和专业理论知识，更应该注重自身基本技术技能的提高，并保持较好的身体素质，力求给学生做出规范、优美的动作示范，加深学生学习动作的直观表象。

3.加强体育基本理论知识的学习

不断提高基础理论水平和专业理论水平非常重要，只有加强自身的体育基本理论知识的学习,才能不断提高教学能力。体育教师的作用绝不是领着学生蹦蹦跳跳,而是通过体育教学对学生进行身心健康的教育。因此,只有不断改善知识结构、拓宽知识面、掌握好体育基本理论知识,才能更快地提高教学能力。

4.加强体育竞赛组织能力的培养

体育竞赛是推动群体活动的重要手段,对体育教学也起着积极的促进作用。组织、开展群众性的竞赛活动是体育教师的工作之一。因此,体育教师应努力培养、提高体育竞赛的组织能力。体育教师不仅要加强对体育项目的竞赛规则、裁判法的学习和研究,还应该注意提高自己的竞赛知识水平和竞赛编排的能力。

此外,体育教师在教学中还要善于调查、观察、了解自己所教的对象,做到心中有谱、因人而异、因材施教。体育教师应通过各种途径,全面了解学生的体质状况、运动技术水平和兴趣爱好,同时注意观察学生的言谈举止、情感变化、意志性格等,这都是提高执教能力和搞好教学的基本前提。

第三节　学生

一、学生的个性特征

(一) 发展中的人

学生是处于发展中的人,具有与成人不同的身体特点和心理特点,有着他们自己特殊的需要和独立发展的方式,教师对待学生不能以成人的标准去要求。并且,学生身心所展现的各种特征都是处在变化之中的,其各个方面的发展都潜藏着极大的可能性。因此,学生最需要接受教育,也最容易接受教育。教师要以发展的眼光辩证地去看待学生,诸如教学目标、教学内容、教学方法等的选择,都要根据学生的身心发展水平来确定。

(二) 具有主体性的人

1.对教育影响的选择性

学生对教师的教育影响并非无条件地接受,他们会要求教师的教学尽量适应自己的需要、符合自己的身心发展。因此学生有根据主体意识，积极地或消极地进行选择的权利。

2. 学习的独立性

学生的学习起点、学习的目标与追求、制约学习的个性心理特征等是各不相同的，体育教师在教学中尤其要注意因材施教。

3. 学习的主动性

学生学习活动的主动性、自觉性是学生学习主体性的本质体现，体育教师的教学活动要建立在学生对体育学习的自觉的、主动的、自我追求的基础上。

4. 学习的创造性

学生完成体育教学任务的方式、方法、思路以及对问题的认识等，并不一定完全遵循教师所教的内容或方法，可能会表现出一定的创新性和创造性。因此，体育教师要注重并鼓励这种创造性。

（三）具有潜能特征的人

越来越多的科学发现证明：人体内潜存着大量未被开发和利用的能力。一般来说，学生的潜能具有以下特点。

1. 丰富性

科学家对正常人潜能的研究使其感到惊讶，特别是青少年的丰富的大脑潜能。

2. 隐藏性

"潜能"的特点就在于它的隐藏性，是沉睡在人体中不为人们所认识的各种特殊能力。

3. 差异性

每个人都有自己的潜能领域，但潜能的能力、能量、等级因人而异。潜能的显现或与心理发展的关键期有关，或与人的社会性实践有关，或早晚有别。这点对于学生而言也是存在的。

4. 可开发性

人的潜能是可以通过教育和教学的训练而得到开发的，体育教学是发现和开发学生各方面潜能的重要途径。

二、体育教学中实现学生主体地位的基本策略

(一)增强学生的主体意识

在体育教学中,教师要摒弃"为教而教"的观念,使学生由被动的、静态的学习转变到主动的、动态的学习,树立起"只有尊重学生的主体地位,把学习的主动权交给学生,学生的主体作用才能得以发挥"的观念。学生的主体意识经常会处于不稳定的状态,部分学生由于缺少学习体育的良策及刻苦精神,屡遭挫折。这时,学生会产生"我本来就不是学体育的料"等自暴自弃的消极意识;也有的学生开始时求知欲很强,对自己的期望值很高,但经过多次练习或比赛,发觉结果与目标有一定距离时也会情绪低落,进取心锐减。这时,教师应努力从"教"的角度去唤起、增强学生"学"的意识,使学生由潜在的发展主体转变为现实的发展主体。①具体地说,教师应及时总结教学经验,让学生知晓体育学习的目标,并制定符合学生特点的学习策略,鼓励学生自觉克服困难,主动参与锻炼,使他们真正成为体育教学的主体。

(二)启发学生全体参与

教学离开了活动就不可能解决任何一项教育、教学、发展的任务。其中,活动发生的机制为:主体—参与—活动。参与成了主体与活动之间的一个中项,是活动产生的前提。学生参与活动表明了学生对教学活动的态度,决定着活动的方向、性质及结果,决定着活动的始发和质量。因此在体育教学活动中要激发每一个学生的学习兴趣。

(三)关注个体差异与不同需求

在体育教学中,要充分注意学生在身体条件、兴趣爱好、运动技能以及男女生在不同时期的发育特点、心理状态等,然后根据这种差异性确定学习目标、教学组织形式和有弹性的学习内容,使每个学生在各自的基础上得到发展,体验到学习成功的乐趣,增强自信心,促使他们自觉主动地参与到体育运动中去。

---

① 谭晓伟,岳抑波.高校篮球教学开展的理论与实践研究[M].长春:吉林人民出版社,2018.

（四）营造和谐课堂环境

学生的学习心理和情绪总是在一定的环境中产生的。体育课堂教学环境作为围绕在学生周围的客观存在，是学生主体性学习和体验的重要物质和精神空间。要营造和谐的课堂环境需要做到如下几点。

第一，教师要把自己外在的权威转化为内在的权威，去除外表的威严，注重塑造以渊博的知识和高尚的师德为核心的内在的具有亲和力的人格形象。

第二，改变以教师与学生个体单一交往关系，实现个体与个体、群体和群体、个体和群体等多向交流的人际合作，让学生自由探索、热烈讨论、各抒己见，摒弃那种教师提问、学生回答的单向交流形式。

第三，建立一种资源分享的伙伴师生关系。教师应积极地参与学生的活动或游戏。游戏中如果教师所在的一方恰巧是负方，一定要能输得起，与同学一起做赛前规定的惩罚活动，如唱一首歌，或做两个蹲跳起等，这样学生会对体育课更感兴趣，更有热情。

第四，尊重和爱护学生。教师要以朋友的身份对待学生，而不是以权威者、"法官"的身份，高高在上地去"管"学生；允许学生犯错、允许学生有不同观点、允许学生随时发问、允许学生提意见；对学生一视同仁，正视学生之间的差别，引导学生在学习过程中选择切合自己能力的练习方式和学习材料，开展多侧面、多层次的引导，使每个学生都能进行充分的运动；信任和鼓励学生，研究表明，体育成绩差的学生在教师的口头表扬和引导下，进步明显。

（五）改变教学模式

创造性是主体性的最高表现。新课程改革提倡自主、探究、合作的学习方法，主张一切教学活动要以学生为主体，一切活动皆从学生出发，使学生在自主学习中培养独立思考的能力、在探究学习中培养解决问题的能力、在合作学习中提高合作交流的能力，这样就可以激发学生创新思维得以全面的开启。而体育课堂中培养学生的创新能力可以通过改变教学模式、调整教学组织形式、更新教学方法等方式来实现。

（六）改革学习评价方式

由于运动能力受遗传和自身的因素影响很大，所以就出现了有的学生不用特别努力就可以得到"优"的评价，而有的学生经过努力后也不一定得到"优"的情况，不利于调动学生学习的积极性。因而应当提倡对学生进行发展性评价（进步幅度），注重过程性评价（学习态度、心理和行为），不再把终结性评价作为唯一的评价方式。学习评价的多元化，要做到自我评价、小组评价、教师评价相结合，达到学生能客观地评价自己和别人，使评价过程成为自己学习、体验、发展的过程。

总之，树立以学生为主体的教学思想，带来的不仅是教学方法的改革，更是学生内在精神的改变，它会使学生主动学习的意识增强，旺盛的求知欲和学生的情感得到发展，使学生参与能力得到提高。学生学会参与、学会学习，并能进行自我评价、自我完善，认识到自己是学习的主人，充分调动了他们学习的主动性、积极性和创造性，对学生体育能力、创新能力和体育素质的提高起到了良好的促进作用，真正使学生成为学习的主体、认识的主体、发展的主体。

第四节 学生的身心发展与体育学习

一、学生的身心发展

（一）体育教学与学生身体素质的发展

身体素质受先天遗传的影响较大，也受后天的影响，可以把学生身体素质理解为学生的有机体在体育活动中所表现出来的各种机能能力。长期以来，在理论表述上，一般把这些机能能力进行归类，分别冠以力量素质、速度素质、耐力素质等约定俗成的称谓。[①]学生在生长发育过程中，身体素质也随着年龄的增长而变化，表现出明显的年龄特征和性别差异。

1. 力量素质的发展

力量素质是指人体或身体某部分肌肉在运动时克服阻力的能力。青少年的神经系统和骨骼肌的发育尚不成熟，年龄越小，力量素质越差，而且全身不同部位的力量和不同性质的力量发展情况也不完全一致。我国学生体质调查结果显示，

---

① 杨景元，董奎，李文兰.体育教学管理与教学现状［M］.长春：吉林人民出版社，2019.

身体各部分力量发展在时间上是不一致的,腰腹肌力量发展较早,高峰期在19岁,下肢爆发力的发展高峰期为22岁。

2.速度素质的发展

速度素质是指人体进行快速运动的能力。速度素质在体育运动中有三种形式,即反应速度、动作速度和动作的速率。在学生时期的低年级阶段,速度素质的发展主要依赖于中枢神经系统中兴奋与抑制的节律转换能力的发展和提高;而在学生时期的高年级阶段,速度素质的发展主要依赖于肌肉力量的发展以获得较快的发展和提高。

在体育教学实践中要抓住速度素质发展的快速增长阶段进行教学,可以多安排发展速度素质为主的活动,如快速跑、球类等练习。

3.耐力素质的发展

耐力素质是指有机体长时间工作抗疲劳的能力。根据运动强度和运动中能量供应的特点,耐力素质可分为无氧耐力和有氧耐力两种。耐力素质的发展较速度素质的发展较晚,高峰值出现的年龄也较晚。耐力素质的发展与心肺机能的发育、维持人体内环境稳定能力的提高有密切关系。耐力取决于工作的特点和强度。随着年龄的增长,耐力在不断提高,但是这种提高是不均匀的。

(二)体育教学与学生心理素质的发展

体育是以身体锻炼作为基本手段,青少年可以通过自己对运动项目的技术要求、动作规则的尝试和体验,提高肌体和大脑对运动项目的参与意识,通过技术动作的多次刺激形成动作定位。人们通过掌握动作技术要求达到锻炼身心的目的,也可以通过一种项目增强自己的自信心,使其健康得到进一步发展。在紧张的学习之余,学生通过体育锻炼,不仅可以增强体质,也可以增强大脑神经的供氧量,使学生在课堂上能够精力充沛、思维敏捷,提高学习效率。当学生在学习中遇到困难和挫折时,引导学生观看或讲授一些奥运冠军的成长经历,挑战极限的毅力,有利于让他们产生战胜困难的勇气和决心,帮助他们正确对待学习和生活中所遇到的失败和挫折,从而使他们能够健康地成长。

在参加集体运动时,可以通过学生间的相互配合培养他们遇到困难时相互帮助、共渡难关的良好关系,从而为他们身心健康的发展打下良好基础。体育活动可以促进学生手眼、手耳的协调即感知与动作的协调,使感知觉在各个渠道协调发展,并在此基础上完成高级的心理过程,为开启智慧提供了必要前提。体育练习可以改变细胞的质量,调节内分泌。由于运动的刺激可以使右脑细胞激活,使得神经纤维增粗，传递思维更加广泛通畅，使人身体的各部分系统处于激活和良性代谢状态，使大脑处于机敏的工作状态。在心理方面，教学中可以通过师生的亲密接触，如师生异位方法，激发学生的学习兴趣，调动学生学习的主动性、积极性，提高学生的创新意识，克服思想上的惰性，增强其心理适应性，也体验了民主、平等的师生关系，加强了师生沟通，增强了师生友谊。①

（三）体育教学对学生心理素质的培养

1.帮助学生建立积极的自我意识

体育教师应启发和引导学生发现、肯定、欣赏自我，提供机会让其表现。特别是对那些自卑感较重的学生，体育教师要充分利用各种方式帮助他们全面地评价自己，逐步树立自我肯定的意识。例如，在男子1000米的教学测试中，鼓励肥胖或体能较差的学生只要跑完全程，不管成绩怎样，都给及格，通过这样的方式来帮助他们克服自卑。体育教师首先应通过尊重学生来引导学生尊重自己，而不能用刺激的语言甚至体罚的方式来唤醒学生的自尊心。

2.开展抗挫折教育，增强学生承受挫折的能力

教师在体育教学中可以针对学生的特点，恰如其分地给予一些鞭策，借以逐步增强他们的心理抗挫力；或在课中设置一些小障碍，制造机会让学生克服困难，并在克服困难中严格要求自己。同样，在学习中教师对后进生的鞭策非常重要，应积极地激励学生迎难而上。

3.培养学生的自信心

学生的体育水平难免参差不齐，基础较差的学生会由于害怕做出的身体练习别扭好笑，因而在学习过程中不敢参与练习，敷衍了事。针对这种情况，教师一方面应对基础差的学生采用降低动作难度、加强个别辅导、循循善诱的方式，帮助他们获得更多的成功体验；另一方面应营造融洽轻松的教学气氛，师生之间互相尊重，同学之间互相帮助，使每个学生在学习中获得良好的心理定式。还可运用激励机制，对学生取得的不同程度的进步给予充分的肯定和及时评价，增强学生的自信心。

4.培养学生的竞争意识

体育活动是人以自身为对象进行改造的实践活动。这种对人的改造活动不仅仅局限于生物学意义上的生命运动，而且包括人生态度和思想意识等内容。体育

---

① 张劲松，张树巍.高校体育管理理论与实践［M］.沈阳：东北大学出版社，2016.

的竞赛性使学生有机会在课堂上体验胜利与失败的情感，激发学生树立"无高不可攀、无坚不可摧"的进取精神。

5.培养学生顽强的意志力

体育对人的生物潜能和精神潜力的开发与拓展，因其完整性、和谐性而显得非常重要。在体育教学中，教师要有意识、有计划采取相应措施来培养学生顽强的意志力，使学生制定个人目标，明确学习目的，树立成功的信念，在完成各阶段任务的过程中强化意志品质。要进行艰苦锻炼，利用气候条件、地理环境增加练习的数量和强度，培养学生在条件艰苦的环境里勇于拼搏、积极进取的精神和坚强的意志品质。

6.培养学生的团体意识和协作精神

在体育教学中，体育活动多数是以集体形式出现，人和人之间发生着频繁的横向联系，这很利于培养学生的协作精神和集体意识。若结合课堂教学内容开展这类教育，即可收到事半功倍的效果。例如，在长跑练习时，把学生分成若干小组进行比赛，规定按照个人到达终点的次序得分，以同组成员得分之和计算团体成绩。这样每个同学都会很注意自己的成绩，力争为集体争光，促使学生加强团结协同，互相支持和鼓励。这样的活动既培养了学生的竞争意识、协作意识，又增强了集体观念。同时，体育教学的多数内容具有群众性、协同性和交往性，只要进行精心设计，认真地组织实施，就可以提高学生心理健康水平，促进其身心健康发展。

二、体育学习

（一）体育学习的功能

1.获得体育基础理论和卫生保健知识

获得体育基础理论和卫生保健知识既是体育学习的目的和任务之一，也是体育学习的功能之一。学生通过对体育基础理论知识和卫生保健知识的学习，能够达到如下目的：①明确体育学习的目的性，调动学习的积极性，强化学习的持久性；②掌握体育动作技术的原理、锻炼身体的方法、卫生保健常识以及预防疾病的手段和措施；③体育价值观念得到内化，体育文化得到传递和积累，体育意识得到培养，为终身自觉参与体育锻炼提供基础保障。

2.发展智能

体育学习虽然注重动作技能领域的学习，但学习主体是一个具有能动性和创造性的人，因此体育学习并不是单纯地模仿和简单地重复，而是一个需要学习者的身心共同参与的过程。在这个过程中，学生的思维能力得到发展，观察力、注意力、记忆力、身体协调能力等也都得到了发展。体育学习对智能的发展，一方面表现为体育运动改善了脑的营养环境和脑的健康程度，为发展智能提供了物质基础；另一方面通过体育学习可发展学生各种智力因素。例如，在学习"前滚翻"动作的过程中，学生首先是通过听取和观察教师的讲解与示范，记住动作的要领，并在此基础上对该动作进行分析——为什么要"团紧身体"、怎样才能"团紧身体"等，思考这些问题的同时，再经过亲身体验，身脑并用地学习此动作。实际上，在这个过程中学生的注意力、观察力和记忆力都能得到相应发展，思维分析能力也得到了提高。

3.发展体能，塑造形体

发展学生的体能，塑造健美的形体既是体育学习的重要任务，也是体育学习的特有功能。所谓体能是指有机体各器官系统的生理机能及其在体育活动过程中发挥的水平。它具体体现在人体的基本活动能力和身体素质两个方面。塑造形体是指体育学习能使学生的身体形态、比例、充实程度更协调，更符合人们的审美观点。

4.培养意志品质

体育学习不仅可以带动学生的身体活动，而且会使学生承受一定的心理负荷。也就是说，学生在学习体育的过程中，既要克服由于练习带来的肌肉酸痛和疲劳等生理反应，同时又要战胜练习时可能出现的焦虑、胆怯等心理状态。学生积极主动地克服这种不适的生理反应、战胜胆怯与焦虑的过程，就是意志品质的自我培养过程，并从成功的体验中获得自信。

（二）体育学习的一般方法

为实现体育课程目标，教师采用一定的"教"的方式，学生也在教师的指导下采用相应的"学"的方式。这个"学"，包括学生的自我练习和锻炼的过程。

1.学习方法

（1）自学法

自学法是指学生通过阅读、观察、比较和讨论等方式，自学有关体育卫生保健的基础知识，自行理解并掌握动作要领、技术环节与动作特征的方法。

①阅读法。阅读法是指学生通过阅读体育教材和有关书籍来学习并理解体育基础知识与动作原理的一种方法。学生应根据教师的要求认真阅读体育课本，以及与体育运动常识和体育保健知识等方面有关的报刊和书籍，以获得更多的体育

基础理论和卫生保健知识，不断扩大知识领域。

阅读体育类报刊和书籍时要注意理论联系实际，重点领会动作要领与方法，掌握动作的基本要素（动作的方向、路线、时间与用力等特征），并重视自我保护。

②观察法。观察法是指学生通过感官对即将学练的内容进行有目的、有计划的感知，初步建立动作概念和表象的方法。观察是一种有目的的感知活动。教师在指导学生进行观察时，要使学生明确观察目的和观察的重点。除运用动作示范外，还要创造各种条件，广泛使用各种直观教具与现代化的教学手段，以提高观察效果。

③比较法和讨论法。比较法和讨论法就是在体育学习中，学生就体育知识中的某一问题，集中有关学习资料进行对照学习，兼取各家之长；或依据教师所提出的问题，在班级小组中相互交流、相互启发、相互学习的方法。

（2）自练法

自练法是指体育学习中，学生以自身的独立活动为主，有目的地反复进行某一动作练习的方法。这是学生掌握体育技术知识和动作技能最基本的身体实践操作活动和方法，主要通过模仿练习、适应练习、反馈练习、强化练习等方式进行。

①模仿练习法。模仿练习法是指学生通过各种途径将别人提供与演示的动作模式作为样板进行模仿，从而形成动作技术和技能的方法。这是粗略掌握动作技能的必要途径。学生通过对他人的某种行为或动作所做出的直接反应和行动，尝试各种动作，并根据动作的标准模式，采取有效的方法来完成。

②适应练习法。适应练习法主要是指学生通过再现性动作练习，使自身生理、心理等方面产生适应性变化，为更好地学习和掌握体育的基本技术和技能创设最佳条件的方法。这种适应性练习法重要的是必须建立在形成正确的生理和心理定式的基础上，如果形成错误动作则很难纠正。因此，学生不仅要反复练习某一教材内容，还应选择一些诱导性、辅助性练习，不断提高自身的学习适应能力，才能取得更大效果。

③反馈练习法。反馈练习法是指学生为了解与掌握动作模式与实际演练的目标差，不断获取反馈信息，以加强自我诊断与自我矫正，不断改进和提高动作技术的方法，目的在于及时预防和纠正错误动作。在练习中，应针对产生动作错误的原因选择有效手段及时进行纠正；否则就会形成错误的动力定型，不仅影响技术的掌握和提高，而且容易产生伤害事故。

④强化练习法。强化练习法是指学生在反复练习的基础上，创设比较复杂多变的练习条件和外部环境，通过自我强化手段巩固技能、形成技巧的方法，目的

是使已掌握的动作技术形成良好的动力定型和熟练的动作技巧。

教师在指导学生自学、自练时，要注意激发他们强烈的学习动机，树立远大的志向和抱负，养成独立自主、长期坚持的习惯；重视向他们传授自学、自练的知识和方法，创设有利于激发学生自学、自练活动的教学环境和条件，让学生独立自主地练习，提高他们自学、自练的能力。①

（3）自我评价法

自我评价法是指学生在动作练习过程中，通过对自学、自练行为价值的评定和判断而采取控制与调节的一种方法。自我评价是学生独立地控制与调节自身学练行为的必要先决条件，学生通过正确的自我评价，能产生自我批评的态度，进而产生一种积极向上、勤奋进取的自我调节机制，表现出能够自我控制的倾向，既能正确地评价自己的学练成绩，又能正确地评价他人。

①目标评价法。目标评价法是学生对自己的体育学习和练习目标、自我监督意识、实施目标的意志与行为等进行评价的方法。应用此方法，可以使体育学习成为学生有目的的行为。

②动作评价法。动作评价法是指学生在体育动作练习的过程中，对自己动作的质量和成绩进行评价的方法。学生学会动作评价法，就能够通过自身的思维活动和体力活动发现新颖独特并具有理论与实践指导意义的体育知识和技术的学练方法，进而结合自身特点、动作技术结构、动作要素，创立符合需要且合理有效地提高身体素质和运动能力的新手段和新方法，从而终身受益。

③负荷评价法。负荷评价法是学生在体育动作练习过程中，依据人体生理机能和心理状态变化的规律，合理评价生理负荷和心理负荷的方法。生理负荷和心理负荷是影响学生体育学习的重要因素，也是评价体育学习和锻炼质量的重要指标。负荷的安排是否合理，既影响学生学习体育知识、技术、技能的效果，也影响学生的健康和体质。

④效果评价法。效果评价法是指学生经过一段时间锻炼后，通过一定的检测手段（如测验、考核、达标与技评等）来评价自身体育知识、动作技术、体能发展和一般健康水平的方法。

学生在体育课程学习中，应根据教师的教学情况，掌握自我测试、自我检查的一些基本知识与方法。如对身高、体重、脉搏等进行简单易行的测量，并通过所得信息，进行自我评价。在体育学习过程中，还要明确动作质量标准和运动成

---

① 董波.高校体育管理研究［M］.西安：西安交通大学出版社，2017.

绩达标要求，使之成为进行自我评价的定量化依据。

学生在体育学习方法的运用过程中，要注意安全防范问题，预防并尽可能杜绝因场地、器材、运动服装等导致的伤害事故的发生。为了防止运动损伤，保证自身安全，还要注意学会自我保护和相互保护的方法。

2.身体锻炼的基本方法

学生的体育锻炼不仅包括体育课教学过程，还包括课外体育锻炼（校内外）活动，其根本目的在于增强体质、增进健康。要实现这个目的，必须借助于一定的工具，利用一定的途径和一定的方法。

（1）身体练习

身体练习是体育锻炼的基本手段。身体练习是指构成体育锻炼手段的各种具体动作，包括单个动作、组合动作、成套动作等不同形式，是人类在自然动作的基础上，有意识地对其加工改造的结果。各种运动项目都是由一定的单个动作、组合动作、成套动作组成的，具有一定的时间特征、空间特征以及时间和空间相结合的特征。

随着社会的发展，作为体育锻炼手段的动作或活动具有相对的独立性，经过不断地改造和完善，形成了它们独立的发展体系和目标，构成了当今独特的社会现象——运动竞技，并成为人类身体文化的重要内容。因此，不能将其机械地照搬到体育锻炼的实践中，必须将各种运动项目进行一定的加工与改造，使其舍弃原来的发展目标，符合人体发展的生理规律而从属于、服务于增强学生体质、发展学生身体的目的。

（2）自然力锻炼

自然力锻炼是指利用自然因素（日光、空气、水等）的作用来锻炼身体，以提高人体对自然环境的适应能力和对疾病的抵抗能力。

①日光浴。日光浴俗称"晒太阳"，对人体好处很多。阳光中的红外线能够刺激脑的兴奋过程，提高中枢神经系统的紧张度，使皮肤和皮下组织产热，从而活跃全身各器官的机能，促进人体的新陈代谢。人在适当的阳光照射以后，会觉得精神振奋、心情愉快。阳光中的紫外线不仅有杀菌作用，而且能促进体内维生素D的合成，从而保证钙、磷的正常代谢，促进骨骼生长，有提高身体免疫力的作用。日光浴能锻炼调节体温的神经中枢，使身体能适应外界高温，能够抵抗过热的刺激，提高人的耐热能力。另外，还能影响心脏、血液和淋巴液的活动，增加心脏的每搏输出量；能使呼吸加深，提高肺通气量和氧利用率。可见，阳光与人体健康息息相关。日光浴可以作为一些常见病的治疗手段，但紫外线照射过量则

对人体有害。

②水浴。水浴有热水浴、冷水浴、温水浴三种。热水浴和温水浴能消除疲劳，清洁皮肤。冷水浴能锻炼人体的血管、心肺功能，使之适应外界温度的变化，还能预防感冒，提高身体抵御寒冷刺激的能力。皮肤血管的反应由支配血管舒张和收缩的神经所调节，经常进行冷水浴，可以使身体习惯于外界低温的刺激，遇冷后皮肤血管能及时收缩，迅速适应外界温度的骤然变化，不致受冷生病。另外，冷水浴能刺激提高中枢神经紧张性，引起兴奋，减轻或消除大脑皮质的抑制过程。对于精神萎靡、情绪抑郁、疲倦欲睡的神经衰弱（抑制型）患者，短时间的冷水浴能刺激兴奋过程，振作其精神，改善其情绪。

③卫生措施。卫生措施是指人们日常生活中的卫生措施、作息制度、锻炼场所的环境卫生条件及医务监督和必要的营养。

第四章
教育思想在高校体育教学中的应用

第一节　人文教育思想在高校体育教学中的应用

一、人文教育思想是未来发展方向

（一）人文教育思想是和谐社会发展的必然趋势

人文教育主张以人的和谐发展为目标，最终目的是通过教育促使人的尊严、人的本性、人的潜能得到最大程度的发展。它批判现今主流教育的思想意识，建议发展人的天性、解放人的个性、激发人的潜能，最终促进学生全面综合发展。课程改革重视对学生人文素养的教育，它主张学生自身的和谐发展。[①]课程改革明确指出，要使"学生具有强健的体魄和良好的心理素质，养成健康的审美情趣和生活方式"。课程改革一改以往只关注学生身体健康的做法，还主张让学生富有兴趣地成长。当然，最重要的是它体现了当今社会特有的人文精神。

（二）人文思想在体育中的体现

综观我国承办的第29届奥运会，其主题是"绿色奥运、人文奥运、科技奥运"。"人文奥运"是奥林匹克精神的彰显，早期的奥林匹克运动的思想来自文艺

---

①　陈轩昂.新时期高校体育教学的改革与发展［M］.北京：航空工业出版社，2017.

复兴至启蒙运动时期的人本主义思想。顾拜旦早期创立奥林匹克运动的初衷就是使奥林匹克理想得到传播，以一种全新的视角去引导年轻人，使他们的身心得到和谐发展。

受奥林匹克运动的影响，学校体育也应该在健康的基础目标之上，把人的全面发展作为基本着眼点，对学生进行适时的人文关怀。从这点来看，体育与人文的内涵是一致的。这就要求学校体育教学的目的设定为培养德、智、体、美全面发展的新型人才。

（三）人文教育思想在传统体育教学工作中的缺失

我国早期的学校体育教学的主要目的是"增强体质"和"传授技能"。学校体育兼有身体属性和社会属性，在道德教育、修身养性等方面，有着特殊的意义和价值。学校体育必须改革自己的方针，响应人文教育的号召，摆脱传统技能教育的束缚，释放学生的天性和人文性。

（四）人文教育思想成为"体育与健康"课程改革的核心理念

我国"体育与健康"课程改革的根本指导思想是"健康第一"，学生在学校的体育学习中能够通过各种学习方式、锻炼方式达到身体健康。"体育与健康"课程改革进行了价值本位的转移，即由以学科为本位转向以人的发展为本位，学科教学以人的发展为本。

如今，我国正处在由应试教育向素质教育、由传统教学理念向课程改革理念变革的时期，在这一变革过程中，理念需要不断地与时俱进，人文精神需要融入其中。这向体育教师提出了新的要求，它要求教师对学生的实践能力和创新精神进行塑造，要求教师重视发展学生的个性，并注重对学生人文素养的培养。在课程改革的要求下，"体育与健康"课程注重培养学生的人文主义精神。只有人文精神渗透于体育教学之中，才能实现教育观念的推陈出新、与时俱进，使教师更好地认知和理解新课改，并把新课改理念深入具体地运用到体育教学实践中。

二、人文思想在高校体育教学中的渗透

（一）树立富有"人文精神"的教学观念，设置新的教学目标

"终身体育""全民体育"的口号在我国相继提出。体育与健康教育，主张"健康第一"；素质教育，主张发展学生的创造力，培养学生的体育能力。因此，

体育教师必须既抓眼前，又要兼顾长远，在增强学生体质之余，也大力发展学生的体育素养、体育习惯和体育能力。

（二）设置符合大学生兴趣，可使其终身参与的教学内容

在人文体育理念的影响下，高校体育教学内容必须与时俱进、推陈出新。经历九年义务教育和高中体育教育之后，大学生在技能与体能方面，水平往往较高，个性特征也比较鲜明。体育教学应该为学生提供更广阔的选择空间，帮助其拓宽视野，激发身上的体育因子，调动其参与体育运动的积极性，为其"终身体育"思想奠定基础。

（三）采用适宜的教学方法

适宜的教学方法将会大大提高教学的效率。体育教师应在一次次教学方法的尝试中，找到最适宜的那种方法，进而提高大学生体育锻炼的兴趣，培养大学生体育锻炼的情感，积累体育锻炼过程中的经验，使其体育价值观日趋成熟。长期以来，受传统体育教学模式的影响，我国体育教学一成不变、枯燥乏味、模式单一。体育教师应广泛采用那些可以发挥学生主观能动性、促进学生身心健康、施展学生个性的教学模式，使得体育教学不仅仅是传道、授业、解惑，还能够"寓教于乐"。因此，体育教学在促进学生社会化发展的进程中功不可没。就高校体育教育而言，它还是一种养成教育，通过对学生体育爱好的强化，逐步养成一种相对稳定的运动习惯，并通过长期的坚持，最终使之成为大学生健康的生活方式之一。

（四）体育教学单一评价体系向复合型评价体系转移

体育教学评价若要体现人文精神，就必须做到：第一，不能为"评价"而评价；第二，评价的形式应该更客观；第三，评价的内容应全面，既包括学生的自我评价和相互之间的评价，又包括对学生自身技能的考核，还应包括对教师的评价。

"以人为本"既是现代教育的发展趋势，也是体育教学发展的必然结果，应该及时更新体育教学观念，进一步认识体育教学工作的内涵。在新型教学模式的创新以及教学评价体系的更新等方面积极探索，将人文主义精神真正渗透到具体的体育教学实践之中。

第二节　科学教育思想在高校体育教学中的应用

一、科学发展观在体育教学中的新发展

以科学发展观为指导，顺应时代发展的潮流是高校体育教学发展的必然趋势，体育教学只有顺应这个趋势，才能实现可持续发展。

（一）学校体育教学应重视培养学生的自觉能动性

激发学生的体育兴趣：在学校体育教学中，如果体育教师能够充分尊重学生的体育兴趣、满足学生的体育需要，将为学生终身的体育学习打下坚实的基础。因此，体育教学应激发学生学习体育的热情和兴趣，使学生在掌握体育与健康的基本知识和运动技能的同时，学习体育的基本方法；培养学生的自觉能动性，只有学生才是学习和发展的主体，只有把学生培养成为教学活动的主人，使其积极主动地学习，才能提高学习效率。

教师的体育活动设计科学化：教师对学生参与活动的先行设计，在一定程度上决定了学生能否积极、主动地参与体育教学过程。基于此种情况，体育教师应抓住这一契机，让学生在繁重的文化课后卸下包袱，释放自己，轻装上阵。

通过以上这些措施，学生就会切实地感受到运动的乐趣和价值，从而更加主动地参与体育运动锻炼，并把体育运动锻炼发展为自己的终身爱好。[①]

（二）有效实施"阳光体育"

在内容决定形式的前提条件下，校园"阳光体育"的活动形式应根据不同的活动内容和目标任务，紧密结合诸如早操、下午体育活动、运动会、高校联赛等来选择。终身体育是学生步入社会后所面临的一个贯穿一生的自发、自主的教育过程。值得一提的是，终身体育锻炼的内容、形式、时间和地点等方面都具有自发、自主的特点。体育教学中应注重学生兴趣和自觉锻炼的意识培养，最终达到

[①] 沈建敏.体育教学创新与运动训练研究［M］.北京：新华出版社，2018.

人的全面发展的终极目标。

二、高校体育教学活动的科学化保障

（一）"极点"和"第二次呼吸"

在剧烈运动时，特别是中长跑时，人体会产生胸闷、呼吸急促、动作迟缓而不协调甚至恶心等现象，这在运动生理学上称为"极点"。调节呼吸后动作将变得协调有力，呼吸均匀自如，一切不良感觉消失，身体恢复正常，此种现象在运动生理学中称为"第二次呼吸"。

1. 原因

产生"极点"的主要原因是人体各器官系统都有生理惰性，而内脏器官惰性大于运动器官，从事剧烈运动时，运动器官能很快达到最高机能水平，而内脏器官跟不上运动器官的需要，因而造成机体缺氧和酸性代谢产物的堆积。"极点"出现后，如果坚持继续运动，内脏器官惰性将逐渐被克服，改善氧的供应，加上"极点"出现后运动速度减慢，使运动器官和内脏器官的功能关系基本协调，生理过程出现新的平衡，故出现了"第二次呼吸"。

2. 处置与预防

"极点"和"第二次呼吸"是长跑运动中常见的生理现象，无须疑惑和恐惧。只要坚持经常锻炼，剧烈运动前做好准备活动，运动中适当增加呼吸深度，稳定情绪，"极点"现象是可以延缓和减轻的，甚至可以不出现。

（二）肌肉痉挛

肌肉痉挛是指肌肉进行不自主的强直性收缩，变得坚硬、疼痛，俗称"抽筋"。

1. 原因

在寒冷环境中运动时，肌肉受到寒冷刺激易引起肌肉痉挛，这常在游泳或冬季户外锻炼时发生。长时间大强度运动，特别是在夏季从事长时间大强度运动时，由于大量排汗，也能使人体内水盐代谢失调而引起痉挛。

2. 症状

局部肌肉剧烈挛缩发硬，疼痛难忍，而且一时不易缓解。

3. 处置

遇到肌肉痉挛要沉着、冷静，缓慢、轻柔地拉伸肌肉，并对抽筋部位进行按摩。

4.预防

首先应加强运动锻炼,提高身体对不同天气的适应能力;运动前做好准备活动,对容易发生痉挛的部位,事先应适当按摩;夏季进行长时间运动时,应适当补充盐分;在水中停留时间不宜过长;疲劳和饥饿时,不要进行剧烈运动。

(三)腹痛

这是指在运动过程中或运动结束后,由于运动锻炼而引起或诱发的腹部疼痛。它常发生在长跑、马拉松跑等耐力性运动项目中。

1.原因

其主要原因是运动前准备活动不充分,开始时运动过于剧烈,内脏器官功能尚未达到竞赛状态,致使脏腑功能失调,引起腹痛;也有的是因腹部受凉,引起胃肠痉挛;少数人因运动时间过长或过于剧烈,使下腔静脉压力上升,引起血液回流受阻,致使两肋部胀痛;慢性阑尾炎、溃疡病等患者在进行剧烈运动时,病变部位受到震动、牵扯等刺激也可引起腹痛。

2.症状

腹痛的部位主要依发病原因而定,由肝脾贫血引起的腹痛,肝痛在右季肋部,脾痛在左季肋部,疼痛性质为胀痛或牵扯性痛;肠痉挛、肠结核引起的腹痛在腹腔中部;饱食后运动疼痛常发生在上腹部或中腹部。

3.处置

人们在运动中发生腹痛时,如果没有器质性病变的迹象,一般可采用减慢跑步速度和降低负荷强度,加深呼吸,按压疼痛部位或弯腰跑一段距离等方法处理,疼痛常常会减轻或消失。

4.预防

膳食安排要合理,饭后须经过一定时间以后(约1.5小时)才可以进行剧烈运动;运动前不宜过饱或过饥,也不要饮用过多的汤水;夏季运动后要适当补充盐分;对于各种慢性疾病引起的腹痛应就医检查,病愈之前,应在医生和教师指导下进行运动。

(四)运动性肌肉酸痛

参加运动锻炼的人,特别是刚开始参加锻炼的人,在运动之后往往会有肌肉酸痛的感觉,这在运动医学中叫作运动性肌肉酸痛。

1. 原因

近代运动生理学的研究表明，运动后肌肉酸痛是运动时肌肉活动量大，引起局部肌纤维及结缔组织的细微损伤，以及部分肌纤维的痉挛所致。

2. 症状

由于这种酸痛现象只是局部肌纤维损伤和痉挛，不影响整块肌肉的运动功能，但存在酸痛、发胀、发硬等感觉，所以，酸痛后经过肌肉内部对细微损伤的修复，肌肉组织会变得更加强壮。

3. 处置

运动性肌肉酸痛是经常发生的，当已经出现运动性肌肉酸痛后，采取以下方法有助于酸痛的减轻或缓解：①静力牵拉法。可对酸痛局部进行静力牵拉练习，即将肌肉先慢慢拉长，然后在拉长位置保持2～3秒静止状态。注意做时不可用力过猛，以免牵拉时再使肌纤维损伤。②按摩。运动后有条件应进行按摩，使肌肉放松，促进血液循环。③热敷。对酸痛的局部肌肉进行热敷，可促进血液循环及代谢过程，有助于损伤组织的修复及痉挛的缓解。④针灸和电疗。对酸痛的局部肌肉进行针灸和电疗，可起到良好的缓解效果。

4. 预防

人们在运动前，应充分做好准备活动，并注意对即将练习时负荷重的局部肌肉进行活动；尽量避免局部肌肉负担过重；运动结束后，也要做好相应的整理活动，应重视肌肉的伸展性练习；等等。

第三节 "寓乐于体"教育思想在高校体育教学中的应用

一、"寓乐于体"教育思想提出的背景

（一）课程改革的必然要求

为了响应新课程标准改革的号召，体育教师要不断更新教学理念。在教学实施的过程中，体育教师要以学生的需求为根本出发点，抓住一切教学契机，激发学生主动学习体育课程的热情。教师也应充分挖掘自身潜能，真正做到教学相长。

在组织教学时，教师要充当导演和演员的角色，积极引导学生效仿，形成教师与学生、学生与学生之间的多向交流，使学生能够积极主动地参与体育运动的全过程，帮助学生实现身体的全方位发展。①体育教师应充分尊重学生主动学习、探究学习的主体地位，只有这样学生才能获得全面的发展。

（二）"乐学"成为主旋律

新课程标准把激发学生运动兴趣，培养学生终身体育的意识作为体育教学的基本理念之一。实践研究表明，从教学目标的可及性、教学活动的主体性、教学评价的激励性和教学管理的艺术性四个方面着手，可以有效地调动学生学习的积极性，提高学生的学习效率，激发学生的潜能。

教学目标的可及性：简而言之，就是针对每个学生的身体素质，结合体育项目的运动特点，设置一些学生通过努力就能够达成的目标。最终的目的是让所有的学生都能达成教学目标，获得自信，并提高体育兴趣。事实表明，如果设置的体育目标能让学生通过努力便可达及，那将极大地激发学生学习体育的积极性，并为他们带来自信的体验，进而也调动他们学习体育的热情和主动性。

教学活动的主体性：尊重学生的主体地位是实现教师主导地位的前提，也是实现学生乐学的必要保障。在教学过程中，要充分尊重学生的主体地位，提高学生的学习兴趣，调动学生的参与意识，从而提高教学效率。

教学评价的激励性：教学评价的最终目的是为学生正确认知自己提供一个科学的评判标准，让学生能够深知自身存在的优势和不足，进而不断地提升自己，最终促进教学目标的达成。

教学管理的艺术性：体育课堂的机动灵活和随意性决定了体育教学课堂上的矛盾冲突的必然性。这就需要体育教师艺术化地管理体育教学。良好的教学氛围可以引发学生愉悦的心情和浓厚的兴趣，激发学习热情，促进身心健康和谐发展。

（三）学生人本回归的有效途径

体育运动是一种以肢体的形式玩味着某种精神自由的"游戏"。只有当运动者和观赏者认真、严肃地投入这种"游戏"，与其融合为一体时，体育运动才得以展示自身的存在，运动者才进入本真的游戏状态。不能不得出这样的结论：处于最初阶段的文明乃是被游戏出来的。游戏所带来的愉悦、自由、规则、体验、和谐，

---

① 翟昕元.PBL教学模式在高校体育理论课程教学中的应用［M］.沈阳：辽海出版社，2018.

让游戏充满了魅力。

第一，愉悦。愉悦是游戏的初衷。游戏能够让人获得生理和心理上的快感，让人在最轻松、最自由的状态下最大范围地释放自己。

第二，自由。游戏与自由是密不可分的，二者缺一不可。艺术的精髓在于自由，而自由也是游戏的灵魂，正是自由，使艺术与游戏连在了一起。

第三，规则。尽管游戏是倡导自由的，但是世间万事万物的自由都在一定范围内，没有随心所欲的自由存在。因为只有遵守规则，才能确保游戏的顺利进行。它把一种暂时且有限的完美带入不完善的世界和生活，从而让一切变得有序。

第四，体验。有参与者参与的游戏才是真正的游戏，游戏的最终目的就是参与者通过游戏体验获得游戏快感。游戏时，游戏者尽情地遨游在游戏的世界之中。

第五，和谐。游戏活动是人的生理、心理、社会性等要素投入其中的活动。总之，游戏是生命的一种存在状态，是身心达到无拘无束的一种自由状态。没有了外在的功利追求，为游戏而游戏，体验到的只是游戏之趣。游戏心境也是对自身的一种超越。

二、"寓乐于体"教育思想的意义

（一）体育游戏与身体健康

身体的健康包括人体各部位或器官的发育与功能的完善，它包含着身体的形态、功能以及智力等方面的健康。简言之，即具有健康、优美的体形。智力是指人对客观世界的感知，对信息的获取、整理和加工，在感知的基础上进行记忆、思维和想象等。肌体健康是构建人的发展的物质条件，而智力健康则是构建人的发展的精神条件。体育游戏与其他体育活动一样，是以身体运动的形式进行的，活动的内容与形式是经过预先设计的，因而它同样具有其他体育活动所具有的健身作用。为了体验有趣的游戏过程，人们参加体育游戏一般都是一种自觉自愿的行为。

（二）体育游戏与身体形态和功能的发展

体育游戏的内容丰富多彩、形式多样，可以通过多种手段促进青少年的生长发育，培养其正确的身体姿态，发展其基本活动能力，提高身体素质，促进身体的全面发展。

1.体育游戏与身体形态的健康

良好的身体形态不仅是身体发育完善的标志,而且能给人以美感。例如,"能看到多高""金鸡独立""膝顶下巴""背后握手"等站姿游戏,以及"小摇车"等卧姿游戏,都可以通过拉伸身体的肌肉、韧带,提高身体的柔韧性和平衡能力。

2.体育游戏与身体功能的健康

人的基本活动能力包括走、跑、跳、投、攀登、搬运等。青少年时期是人的基本活动能力发展的黄金阶段,而在这一阶段,表现出的特点是年龄小、自制力与理解力较差,参加活动多凭兴趣。学生在兴趣的指引下,主动积极参加各种有益的游戏,在愉悦的氛围中提高了身体的机能。

学校中的体育游戏常与田径、体操、球类等项目密切配合。教师可以利用各种运动项目中学生比较熟悉并基本掌握的技术动作来编排游戏。一方面,这能大大扩充体育游戏的容量,使游戏的内容更加丰富多彩;另一方面,能在游戏过程中检验学生各种基本运动技术的掌握情况。[①]可见,体育游戏为运动技术的逐步完善、运动能力的健康发展提供了一条切实可行、科学有效的途径。

(三)体育游戏与健康心理的形成

1.体育游戏有助于消除或减缓不良的学习情绪

人的情绪状态是衡量其心理健康的重要指标。"趣味性"是体育游戏最基本的特征。即使像"老鹰抓小鸡""打鸭子""两人三足"这样的传统游戏,也常常让人乐此不疲。除此之外,在游戏中获得胜利,还会使人产生自豪感,增强自尊心与自信心,并在精神上获得一种自我价值得以实现的满足。因此,参加体育游戏可以使人从烦恼和痛苦中解脱出来,并产生成就感和愉快的体验。

2.体育游戏有利于确立自我概念

自我概念是个体主观上对自己的身体、思想和情感等的整体评价,它是由许多自我认识所组成的。首先,青少年注重自己的外形、姿态。对于身体形态不佳的青少年而言,对自己身体表象的认识,常会伴随不满意、失望甚至自卑等心理体验,以致影响其自我概念的确立。其次,每个人都乐于自己的能力得到表现,让别人了解自己的长处,从而得到别人的赞扬、尊重。摆脱了平时工作学习中的压力与烦恼,在体育游戏紧张而愉快的竞争情境中,人能很自然地表现自己的体

---

① 王海燕.现代体育教学功能实现与创新应用[M].北京:中国书籍出版社,2021.

力、技能与智慧。

3.体育游戏能培养坚忍的意志品质

意志品质是指人的果断性、忍耐力、自制力，以及勇敢顽强、自主独立等精神。体育游戏环境条件丰富多变、组织形式繁多，特别是一些战胜障碍的游戏，都要求参与者在活动中不断克服各种客观困难和主观困难，并在克服困难中培养良好的意志品质。在趣味十足的游戏内容的吸引下，在夺取胜利的愿望的驱使下，以及在同伴的支持与鼓励下，一个人更能克服无论是来自外界环境还是来自个人内心的困难与障碍，更容易塑造坚忍的意志品质。

4.体育游戏有助于人际交往和沟通

在体育游戏中，一方面学生通过互相接触、合作和竞争等，个体与个体之间、个体与集体之间、集体与集体之间交流更广泛、更频繁，学生之间可以做到相互包容、尊重信任、团结友爱、鼓励扶持，构建良性的人际关系。

5.体育游戏有助于学生探索精神与创造性的培养

体育游戏为学生的自由探索提供平台，有利于学生探索精神的深层次挖掘，激发创造热情。这也正是体育教学中特别珍贵的因素，有利于为未来社会的发展培养需要的栋梁之材。现代社会对现代教育提出更新的要求，它鼓励开发学生的创造性和探索精神。学会学习、学会生存的核心内容之一是学会发现，学会创造。大量的实验研究表明，游戏有助于培养学生的创造性和探索精神。

（四）体育游戏对个体社会化的积极作用

1.体育游戏可以规范人的道德行为方式，促进价值观内化，培养竞争合作意识

游戏规则绝不是游戏制定者随心所欲而定的，它一定是建立在公正和道德判断的基础之上的，它需要符合大多数公认的伦理标准和共性特征。游戏规则的制定有助于学生良好行为规范的形成。

2.体育游戏可以满足人的合群需求，促进人际交往，完善个性特征

体育游戏主要以群体性活动为主。学生参加体育游戏活动，增进沟通和了解，不仅可以扩大交友范围，增进学生之间的感情，还有助于拓宽自己的视野，从别的游戏者身上发现另外一个世界。同时，他们比较自然地了解并逐渐形成了尊重、理解、谦让、协商、竞争、合作、共处、信任、宽容、忍让、荣誉、责任、和谐、公平、公正、自尊、自重、自信、自强等优秀品质和健康的个性特征。

3.体育游戏可以促进社会角色的体验，形成自我意识，培养社会化品质

在体育游戏活动过程之中，游戏参与者中的每一个人都扮演着一定的角色，这些角色虽然看似很虚幻，其实有的时候也是对现实生活中某些角色的模拟。社会角色是完成社会活动必要的社会形式和个人的行为方式，通过游戏群体活动中不同角色的扮演，青少年懂得了社会角色是与人们的某种社会地位、身份相一致的一系列权利、义务、职责的规范与行为模式。同时，他们的社会适应性和个性品质在此过程中也可以得到高度发展。

（五）体育游戏的艺术价值

体育游戏是游戏的一种重要的表现内容。体育游戏像艺术一样，把所欣赏的意象加以客观化，使它成为具体的情境。体育游戏像艺术一样，带有移情作用，把死板的物质看成活跃的生灵。游戏带给人们的不仅仅是物质享受，还有实实在在的精神享受。体育游戏像艺术一样，是用现实世界之外的另一个理想世界来安慰情感。疾病、老朽之所以被人厌恶，其最大的原因就是它限制了人们活动的自由。但是，人们不能接受这一痛苦的事实，非要在有限的活动里创造无限的可能，于是体育游戏诞生了。所以，体育游戏在人们闲散时需求最大，从这个意义上讲，它确实是一种"消遣"，是一种艺术化了的活动。

第四节　终身教育思想在高校体育教学中的应用

一、终身教育思想概述

（一）终身教育思想的阐释

终身教育包含涉及人的教育的各个层面与方向，从出生到临终未曾间断的发展，以及各个不同的点与发展阶段之间非常密切且有机的关系。终身教育思想并不是现代体育思想的一个新名词，它发源于古代，并在人类历史长河中不断积淀、丰富、发展和完善，在现代得到提倡和发展。终身教育思想的观点主要包括以下几点：第一，从教育历程来看，人从出生直至生命终结都是受教育的过程；第二，从学习方式来看，不再一味地被动接受学习，而是自我主动地学习；第三，从教育目标来看，终身教育重在发展完善的人与和谐的社会。终身教育思想有利于变革社会中主流的教育思想观念，使之朝科学化的方向发展。

（二）终身体育思想下高校体育教学的改革研究

当今的学校体育教育已经慢慢跨越了学校的围墙，时间上由学生时期延伸到工作后，空间上由学校延伸到社区。就纵向而言，学校体育分为学前体育、学中体育、学后体育，或幼儿体育、中学体育、大学体育以及就业以后的体育。就横向而言，学校体育体系是终身体育体系中的一个重要构成，它并列于家庭体育、社会体育，使得学校体育与社会体育、家庭体育统一发展。三者密切配合、相互协调，形成一个由幼儿体育、青少年体育、中老年体育有机贯穿的以全民为对象的终身体育教育体系。高校终身体育教学主要可以从以下几个方面入手。

1. 延伸教学范围

体育课堂教学毕竟是有限的，只有把体育课堂向外拓展，才是真正培养学生的体育兴趣、激发学生的体育动机、提高技能的有效途径。基于此，学校应该结合自己的实际情况，经常开展如年级联赛、俱乐部赛等丰富多样的课外竞赛活动，以便学生有选择、参与和展示自己的机会。此外，还可以通过开展一些知识竞赛，来提高学生对体育文化理论知识的理解和掌握。他们能在实践中感受到学有所用，更加懂得保护自己，更加有成就感，从而激发他们的运动热情。

2. 完善教学方法，多种教学方法并用

在过去传统的体育教学中，教学方法一成不变、单一乏味，吸引不了学生的兴趣，激发不了学生的参与热情。只有教师完善教学方法，使用多种教学方法，并经常向学生提出新要求、新任务，才能不断吸引学生的练习兴趣，保持神秘感，一直牵动学生那颗好奇的心。这样一来，学生就会对所学的内容产生浓厚的兴趣，进而积极主动地参与学习过程。

3. 用体育游戏激发学生兴趣

体育游戏的外在表现形式为游戏，但它实际上属于身体锻炼活动的一种。体育游戏也是一种有意识的、创造性的活动。由于体育游戏对设施要求不高，简单易行，而且难度低，趣味性强，因此它适合各类身体素质的学生共同参与。需要注意的是，体育游戏必须符合课程内容和学生的特点。高校体育教学过程中选取的游戏的动作、情节、规则和组织方法都要与大学生的身体素质和教学目标相适应。除此之外，游戏还有利于学生提高基本运动技能、提高身体素质、养成团队合作意识。

游戏的设计也应当把教学场所和教学设备等实际情况考虑进去，要从学校的实际硬件设施出发，安排一些切实可操作的游戏活动。所以，体育教师在设计游戏之初，就应该把简便性作为游戏选择的首要原则。①既要选择那些能够提高学生运动技能、发展学生身体素质的游戏，也要选择那些能够活跃教学氛围、增强团队精神的游戏。

4.培养学生的学习能力

终身体育思想的树立，首先应该同素质教育和现代体育教育结合起来，不可割裂来看。体育教师应注意增强学生的体育意识、培养学生锻炼身体的习惯、增强学生体育学习的能力。其次，体育教学的方法和各个实施环节都要建立在学生综合素质提高的基础之上，体育教师要变革传统的体育教学方式和体育教学内容，发展学生的创造性思维、培养学生自主学习的教授过程。最后，"以学生为中心"，让学生当自己学习的主人，使学生养成学会学习的习惯，培养学生自我摸索、自我发展、自我形成终身体育的态度和行为。

在现代社会，只有不断创新才能吸引人们的眼球。这就要求体育教师要不断更新观念、与时俱进、把握时代的脉搏，丰富教学内容，采用创新的教学方法，并将其很好地融合到具体的体育教学实践当中，吸引学生参与体育活动过程，提升学生自我学习的能力。

二、激发学生的体育兴趣，为终身体育奠基

（一）兴趣的重要性

心理学认为，人力求认识某种事物或进行某种活动的心理倾向就是"兴趣"。兴趣体现在教学活动中，具体表现为学生强烈的积极性和兴奋状态，一旦教学内容吸引了学生，学生就会对学习充满兴趣，引发前所未有的求知欲，进而表现出对所学内容想要理解和掌握的强烈需求。培养身心健康的学生才是体育教学的最终宿命，因为大学生的身心发展直接关系着祖国未来的现代化建设，直接关系着科学技术的发展，直接影响着综合国力的提升。②体育锻炼之所以特殊，就在于它需要人们亲力亲为、不可代替，而且收益最大的永远是人自身。如果体育教师

---

① 任俭，王植镯，肖鹤.体育教学原理及体育学法的创新研究[M].北京：中国纺织出版社，2020.
② 高家良，郝子平.体育教学理论与实践创新研究[M].西安：西北工业大学出版社，2020.

不注重对学生体育活动兴趣和锻炼习惯的培养，那么终身体育也就如同无源之水、无本之木，遥不可及。学校体育改革应该侧重培养学生的体育能力，让学生体育在课内外有个很好的衔接过程，最终培养学生终身体育锻炼的好习惯。

（二）如何培养学生的体育兴趣

1. 树立体育重要的观点

受传统观念的影响，体育课长期得不到学校与家长的重视，甚至很多学生和教师也都觉得体育课程不重要。使学生明确体育的重要性如同经济、政治、科技一样，都是国家、民族的综合实力的体现和主要构成部分。良好的身体是为祖国提供有用之才最基本的保障。

2. 确立教师的主导地位

体育教师在体育课程教学中占据着主导地位，同时也是体育课堂的指导者。此外，体育教师作为人民教师，还应该为人师表，为学生起到表率作用，用自己特有的精神风貌去感染身边的每一个学生，让他们受到熏陶和感染。学生会因为爱上体育老师，而爱上体育课程的学习，这也是体育教师的魅力所在。

3. 让学生体验成功的快乐

"成就感"能增强人的自信和兴趣，在教学过程中，体育教师要细分教学目标，让学生尽可能通过努力便能达成目标，获得成功的体验。欣赏他们身上的每一处发光点，进而增加学生的自信心和学习体育的兴趣。

4. 通过组织竞赛激发学生的兴趣

每个学生都想获得大家的赞美和认可，都想把自己最好的一面展示在大家面前，这就需要体育教师为学生提供一些可以尽情展示自己的平台。在竞赛中，每个学生都有获胜的机会，每个学生都可以尽情地展示自己，每个学生都能在竞赛中获得快乐体验。

5. 鼓励大胆创新，勇于实践

创新是国家兴旺发达的不竭动力，是推动民族进步的灵魂，是素质教育的核心目标。因此，在教学过程中，体育教师要竭尽所能为学生创设民主和谐的良好氛围，鼓励学生敢于创新、善于创新，不断超越过去，促进学生创新精神的培养。

6. 教学方法的采用

体育教学需要场地、运动器材等，教师在安排场地、器材时要以激发学生学习兴趣、营造快乐氛围为前提，这样有利于学生更好地学习和掌握运动技能。体育教师可以在教学过程中广泛运用风趣、诙谐的语言，使学生在教学过程中得以放松和愉悦。学校体育教育为终身体育意识奠基，它能够潜移默化地影响人的一生。学生在进行体育锻炼的过程中，练就一技之长，并发展自己进行体育锻炼的积极性和主动性，为将来终身体育意识和行为的形成奠定坚实的基础。

第五章
高校体育教育理念的发展与创新

第一节 当前我国高校体育教育理念

一、"健康第一"教育理念

（一）"健康第一"教育理念概述

1. "健康第一"教育理念的基本内涵

我国最早是在20世纪50年代提出了"健康第一"的教育理念，当时国家体育发展面临的首要问题是国民体质较差，青少年健康教育较为落后。

20世纪90年代，为了进一步促进我国体育教育改革，"健康第一"的理念和思想被再次提出并引起重视，这一时期的"健康第一"理念与20世纪50年代的"健康第一"理念存在本质上的不同，它是在我国素质教育改革下的一种教育诉求，是一种新的具有创新意义的教育理念。

"健康第一"教育理念强调体育教学中的首要目标是促进学生的身心健康发展，其次才是体育技能的提高，其在传统学校教育思想中是一种新的突破。[1]

2. "健康第一"教育理念的依据

（1）"健康第一"教育理念符合世界发展潮流

我国提出的"健康第一"教育理念符合世界发展潮流。学校体育教学的重点

---

[1] 李利华，邢海军，谢佳.体育教学思维创新与运动实践研究[M].南昌：江西高校出版社，2019.

发生了根本性的变化，已经从"单纯的技能传授，重视学生体育技能的发展"向"促进学生身心健康发展和社会能力的提高"方面转变。在全世界都强调素质教育的大背景下，"健康第一"成为我国体育教学的重要改革指导思想。

（2）"健康第一"教育理念适应当代社会发展需求

当前社会，科技不断进步，经济发展迅速，生活节奏日益加快，人类的体力劳动时间越来越少了，又由于家用电器的普遍使用，人们家务劳动的时间也大大缩短。长时间的伏案工作所造成的"运动不足""肌肉饥饿"严重影响了人们的健康。由于很多人不能适应快速发展的社会节奏，因此导致现代社会人们心理疾病、心理障碍多发，如身心紧张与焦虑等。从20世纪90年代开始，人类疾病死亡大都由心脏病、脑血管疾病与恶性肿瘤等疾病导致，疾病死亡原因也发生了本质的变化。人们的生活方式发生急剧转变是导致疾病死亡高发的一个重要原因。对于整个社会来说，快节奏的生活方式是难以改变的，人们必须自觉接受并尽快适应快节奏的社会生活，并与之同步发展。这种情况下，人们也充分认识到健康的重要性，在教育领域，学生的健康问题与国民健康问题更是引起了极大的关注。

21世纪的人才是全面发展的人才，社会的快速发展与激烈竞争要求现代人才不仅要有正确的政治思想、扎实的学科知识和能力，还必须具备强健的体魄。要想在这个充满竞争的社会中立于不败之地，首先必须拥有一个健康的体魄。实践表明，学生积极参与体育健身活动，不仅强化了体魄，增强了抵抗力，还有利于良好的心理素质和智力的发展，这对学生的个人发展、国家与社会的可持续发展都十分有益。

3. "健康第一"教育理念的特点

"健康第一"教育理念内涵丰富，其在体育教学实践中表现出以下特点。

（1）强调素质教育

"健康第一"教育理念重视学生的健康发展，它指出，学校教育教学的首要目标是促进学生的健康成长，学生的身心健康比考试升学更为重要。

（2）健康的基础是身体健康

健康的体魄是人全面发展所依附的基础，是人类发展的基本标志。所有教育的开始都源于健康的身体。学校应首先重视学生的身体健康培养。

（3）健康的全面性

"健康第一"教育理念中的"健康"是一种多维的健康，是真正意义上的健康，不只是身体健康，还包括心理健康、生殖健康、道德健康等。

(二)"健康第一"教育理念在我国高校体育教育中的实际应用

体育是一种身体文化现象,人的生理与心理是从事一切活动的基本要素。"健康第一"的出发点是每个人的全面发展,是学校体育发展的一种全新理念。"健康第一"教育理念的提出对于现阶段社会发展对综合素质人才的要求和学生日后的健康、全面、可持续发展具有非常重要的指导和帮助作用,体育教育促进健康的本质功能得到了充分的体现。

当前,"健康第一"体育教育理念在我国高校体育教育中的应用主要是在"健康第一"教育理念的指导下,不断促进我国高校体育教学各要素的发展与完善,使之充分体现"健康第一"教育思想内涵,并在具体的教学过程中得以落实。

1. 体育教学目标的明确

"健康第一"的教育理念为促进我国高校体育目标多样性、多层次的建构提出了新的要求。当前,"育人"是学校体育教学工作中最根本的目标,技术教育和体制教育并不能完全作为学校体育实践的重心,应该把重心从单纯地追求学生的外在技能水平向追求学生的全面协调发展转移。这些都体现了我国在学校体育改革中更加注重学校体育目标的人文倾向。

"健康第一"教育理念的贯彻落实,要求我国高校体育教育应重视学生健康知识与素养的全方面培养与提高,应将体育教育、卫生教育、美育等有机结合起来。具体来说,学校应加强学生的营养指导,让学生了解有关营养、卫生保健的知识,并形成完善的体系;紧密结合学生生长发育与生活实际开展健康教育,使学生学会自我保护,预防疾病发生;要把学生青春期教育和心理健康教育作为健康教育的重要内容抓好,并寓美育于体育之中,提高学生对体育的兴趣,提高其运动质量。

2. 体育课程体系的调整

课程体系改革是当前体育教学改革中一个非常重要的方面。课程体系的改革不仅能使教学内容更加丰富多样,还能更好地满足学生的发展和社会的发展需求。

在"健康第一"教育理念影响下,传统体育教学中的教学课时少、课程内容安排不合理、课程体系不健全等情况得到了有效的改善。学校在设置相应的体育教学课程时,开始考虑学生身心各方面发展的需求,并且在课程中逐渐把学生作为课程中的主体。[①]学校在进行教学内容和课程体系设计时,更加注重学生的个

---

① 马鹏涛.高校体育教学改革创新与科学化训练研究[M].北京:新华出版社,2018.

性和性别特点,并且开始根据学生的身体素质水平来提供丰富多彩的、可供学生选择的体育教学内容,各种体育教学内容在促进学生的身心健康发展方面更加贴近目标,效果更加明显。

3.体育教学方法的优化

体育教学方法是促进体育教学过程顺利开展的重要因素。在"健康第一"教育理念的影响下,通过多种形式的改革,体育教学方法日益丰富化和多样化,对于培养学生自觉的健康意识和健康行为发挥着重要的作用。

4.教学评价体系的完善

在"健康第一"教育理念的影响下,体育教学的评价应以学生的体质增强、身心健康发展为重要评价指标。一方面,教师开始重视对多方面的教学效果进行量化分析,并且将定性评价和定量评价相结合,大大提高了体育教学评价的科学性,对于学生认识自身的不足以及获得学习的动力起到了良好的促进作用。另一方面,教师对学生的评价内容日益多元化,关注学生的多方面成长与发展,具体的评价内容由局限于其对技术技能的掌握情况,转向于更加注重对其创新能力、学习态度、意志品质等方面进行综合的评价,真正关注学生全面的健康与发展。

二、"以人为本"教育理念

(一)"以人为本"教育理念概述

1."以人为本"教育理念的内涵

"以人为本"教育理念源于西方人本主义思想,我国"以人为本"教育理念是在充分吸收了西方人本主义教育思想后,建立在马克思主义关于人的全面发展的理论基础上,结合中国实际和时代特点,形成的完整而科学的教育价值取向。

"以人为本"是我国现代体育教学的一个重要教育理念与指导思想,它重点强调了教育中"人"的发展。"以人为本"教育理念指出,教育的出发点、中心和最终归宿都是"人",教育是以人为基础和根本的,教育的目的是人的发展。

2."以人为本"教育理念的核心

第一,肯定人的重要地位和作用。充分肯定人性,信任人的潜能、智慧,向往和追求健康体魄及身心的和谐统一。

第二,肯定学生在体育教学中的主体地位与作用,对学生的人格、权利给予尊重,加以维护。

第三,客观尊重个体之间的差异性。具体到体育教学中,应充分了解和尊重学生之间的差异，因材施教，重视学生的个性发展。

第四，鼓励学生主观能动性的充分发挥，使所有学生都能积极主动地学习体育知识和技能。

第五，保证所有学生都可以学有所得，学有所成，学以致用。

3."以人为本"教育理念的教学要求

"以人为本"教育理念的教学要求具体如下。

第一，"以人为本"教育理念要求所有的教育都必须贯彻以人为本的原则，这是现代教育发展的基本要求。用金钱标准是无法衡量现代人的自我价值和自我尊严的，教育实际上也是人的自我实现、自我理解和自我确认的过程。

第二，"以人为本"教育理念要求在教育过程中将人的自由、幸福、全面发展和终极价值的实现重视起来。体育教学应该对学生的个性发展给予一定程度的重视，使学生在体育训练中张扬个性，自由展现自我。体育教学在带给学生身心愉悦与快乐的同时，也应使学生的人性通过体育的方式得到最自然的流露，使学生在体育学习中自由宣泄和释放自己的情感。体育教学应促进学生的身体、心理、个性、品质的健康发展，使学生成为更完善、更优秀的个体。

第三，"以人为本"教育理念要求体育教育突破机械的教育模式，真正转变为对"人"的教育。作为教育的对象，学生首先是一个"人"，拥有人权和自我价值，这是教育的起点。现代体育教学应重视以社会需求为基础，加强对全面发展的新型人才的培养。在整个体育教学活动过程中，要充分尊重和重视学生的人性、人权以及价值。

第四，"以人为本"教育理念要求体育教育应体现人文关怀。人作为体育教育的对象，是有理性、有情感的，思考的方向由情感决定，而思考的结果是由理性决定的。体育教育中只有先以情感人，才能以理服人。无论采取何种先进的教育方法和手段，都要注重面对面教育；不管采用多么发达的现代传媒手段，人和人之间面对面的融合和交流都是不可替代的；不管制度多么完善，人文关怀的巨大作用始终不容忽视。因此，体育教育教学必须有人情味，要时时刻刻以"人"为中心，以学生为教学中心和主体。

（二）"以人为本"教育理念在我国高校体育教育中的实际应用

当前，"以人为本"教育理念在我国高校体育教育中的科学应用具体体现在以下几个方面。

1.体育教学目标的进一步明确

"以人为本"教育理念强调体育教学中社会本位目标与学生本位目标的统一。

首先,社会本位要求将体育教学的价值主体确定为社会,旨在满足社会发展的需要。

其次,学生本位要求在体育教学中以学生为价值主体,对学生个体的需要加以把握,以学生的兴趣、需要为出发点组织教学,使学生获得自由和全面的发展。

"以人为本"教育理念要求有机统一社会本位目标与学生本位目标。具体来说,在体育教学中,不仅要注重社会价值目标,还要强调对学生学习动机和兴趣的培养,促进学生良好体育态度和习惯的形成;不仅要将学生学习期间应达成的短期目标重视起来,还应对终身锻炼的长远目标予以考虑。①只有充分结合这两个本位目标,才能使体育教学目标真正实现,才能实现学生发展的长远功效与近期功效的有机结合,才能促进学生和社会的协调、可持续发展。

2.体育课程内容的进一步丰富

在"以人为本"教育理念指导下,现代体育教学内容越来越重视学生体育学习与参与兴趣的提高,越来越重视与学生日常生活的密切联系,越来越关注学生的多元化的体育发展需求。在体育教学实践中,体育课程教学内容的选择日益丰富,教师在对传统体育教学大纲所规定的技能方面的教材予以考虑的同时,注重对学生体育兴趣进行全面的培养,对学生的人格发展有积极影响的教学内容的引入。

具体来说,当前教学内容的不断丰富和完善表现出以下教学内容的增多:具有娱乐性和趣味性的体育教学内容;具有创新性,有利于培养学生创新精神的教学内容;实用的,与社会和生活联系密切的,可以对学生终身体育能力进行培养的体育教学内容;更方便普及的、健身性的体育教学内容。

3.体育教学形式的进一步多样化

"以人为本"教育理念强调体育教学应以学生为本。由于学生之间存在着客观差异,要做到以每个学生为本,关注和促进每个学生的成长与发展,就必须采取多样化的体育教学形式来满足不同学生的体育参与和学习需求,使每一个学生都能从情感上、行动上乐于进行体育学习。为了实现和达到这一教学目的和效果,就需要教师在体育教学中采取灵活多样的教学形式(如群体训练、小组合作、个人自觉练习等)来组织教学,使体育教学形式更加灵活,体育教学过程更加有趣,

---

① 孔凌鹤,马腾.现代体育教学的多维分析与创新研究[M].北京:中国商务出版社,2016.

这样学生不仅不会将体育学习看作很难的一件事情，还能在体育参与过程中充分展示自我，充分激发学生的体育学习与参与的积极性、主动性，并切实促进学生的进步与提高。

4.师生关系的进一步和谐化

"以人为本"教育理念不仅强调学生在体育教学中的主体地位，还注重良好的师生关系的建立，这有助于体育教学过程的顺利进行。

首先，教师应尊重学生的人格和权益。对学生的独立性、个体性应予以尊重。

其次，教师应正视学生之间的差异性，在体育教学中既要关注优秀学生的学习，更要重视基础差、喜欢捣乱的学生的体育学习，不能对这部分学生失去信心或放任不管。对于基础差、喜欢捣乱的学生，教师既要严格管理，也要更加宽容。如果只是为了严格而严格的话，学生就会产生畏惧或者抵抗心理，这不利于纠正学生的缺点，只有严而有度、严而有方、严而有情的严格才更能帮助学生进步。教师在管理"后进生"的过程中，要付出情感、多下功夫，减轻这部分学生的思想负担，使其感受到教师的用心，并树立学习和参与体育的自信。

最后，教师应善于鼓励学生。教育鼓励是师生关系的润滑剂，适当的鼓励可以营造民主、和谐的教学氛围，可以促进融洽的师生关系的形成。在体育课堂教学中，教师要善于采用鼓励性的话语来激励学生、安抚学生，使学生在轻松自由的空间里和氛围中，积极地与教师、同学沟通和交流，从而获取更多的体育知识，获得更多的成功体验，并在这种体验中更加积极地配合教师完成学习任务。

5.体育教学评价的进一步完善

"以人为本"的教育理念应用在体育教学评价方面时，要求评价更加关注作为教学对象的学生的发展，而非只关注体育教学任务是否完成。

在现代体育教学评价中，评价应关注作为学生的"人"的发展，不同学生有不同的学习能力，所以一些能力强的学生轻而易举就能够获得高分，而能力相对较差的学生付出很大的努力可能也难以取得理想成绩。因此，体育教学评价应是全方位的。全面评价需遵循"以人为本"原则，要将学生的全面发展充分重视起来，力求通过全面评价充分了解学生对体育学科的态度、参与体育锻炼的情况以及对体育技能的掌握和运用情况，教学评价内容应涉及学生的平时表现、素质达标、技术技能运用等多个方面。①教师要针对不同的学生采用不同的评价方法，激励每个学生都能有所进步与成长。

---

① 刘伟.高校体育教育创新理念与实践教学研究［M］.北京：九州出版社，2019.

第二节　高校体育教育理念的改革与创新

一、正视多元体育教育理念的存在与发展

在人类社会的发展过程中，随着认知的不断深入与发展，许多新的观点和理念不断提出，在包括体育在内的教育领域，教育理念与观点的发展也是如此。在体育教学的发展过程中，有多种体育教育理念出现过，这些体育教育理念之间既有相同之处，又有相互对立和矛盾的地方，但正是因为有这些争论与矛盾的存在，才使得体育教育理念能够不断发展、不断突破，并更具活力。

不同的体育教育理念提出的教育背景不同，具有不同的侧重点，关注不同的体育教育问题。在不同的体育教育理念同时存在的情况下，这些思想的代表者会相互指出对方的弱点和不足，并展示自己的优点与可取之处，这样这些理论就会相互借鉴与吸收对方的优点，并对自己的弱点和不足进行改善，对于体育教学实践的全面完善均具有重要指导作用。

现阶段，我国体育教育理念的改革与突破应建立在充分借鉴多元体育教育理念的基础之上，同时将不科学的没有实际意义的理论淘汰掉，更加突出具有现实意义的思想理论，使这部分理论进一步发展壮大，以不断丰富当前适合我国高校体育教育国情的体育教育理念体系的完善。

二、结合体育教育理念的特点、规律和趋势来推动其改革与发展

一般来说，当一个教育现象和问题出现之后，会引起相关学者的关注与研究，并据此提出一些观点与看法，最终形成一种新的观念。从这一思想发展规律可以充分认定，体育教育理念具有一定的滞后性，因此要对社会的需求及时加以预测，及早对高校体育教育理念进行改善。

随着我国高校体育教育改革的日益深入，越来越多的人逐渐认识到不能再单纯地将教育结果、知识传授看作教育的一切，不再单纯对社会和集体进行高度关注，而开始将关注焦点转移到"人"身上，要提倡一种能够服务于人的全面发展

的有价值的教育理念，而且该思想应该关注社会上每个个体的发展。

现阶段，我国教学改革的重要方向之一，就是对人性化教育、人本化教育与教育的意义和价值方面的改革。"以人为本"教育理念不会将人分成不同的等级，不会歧视任何一个人，不会在培养人的过程中将人当成工具，它对每个人都是尊重的，强调人的全面发展和自我实现，它对学生的自我体验是高度重视的。教育的过程是培养学生的社会性活动的过程，在这一过程中，人既是教育的出发点也是最终的归宿。如果教育缺少了对人的社会性的培养，就失去了其所具有的独立存在的价值和本质特征。

三、根据体育教育理念的发展影响因素来促进其改革与发展

体育教育理念在不同的时期会表现出不同的特点，这与人的认知和社会客观发展环境有关。确切地说，理念是一定历史时期的产物，不同的历史因素必然会对其产生、发展及变化造成影响。

体育的发展受到多方面因素的影响，在体育文化现象发展基础之上的体育理念也受到这些因素的影响。首先，体育受制于政治因素的影响，在一定时期，由于社会政治的需要，政治制约着体育的发展。以竞技体育运动的发展为例，其作为塑造和再现民族形象的重要手段，能在很大程度上体现一个民族的威望，乃至一个国家的国际地位。其次，体育文化与社会经济的发展也具有密切的关系，并受社会经济发展的影响。最后，科学技术的发展也对体育的发展产生极为重要的影响。从某种意义上说，现代体育尤其是竞技体育运动的发展，已逐渐演变成为一场"科技战争"。体育运动发展过程中每一次新纪录的产生，都包含诸多的科技要素。

在政治、经济、科技对体育产生重要影响的大背景下，必须充分利用其中的有利因素，同时将不利因素的影响降到最小，共同推动体育教育理念的发展。

第三节　高校体育教育管理

一、高校体育教育管理的范围

（一）学校体育教学管理

学校体育教学管理主要包括教学大纲的执行，教学计划（教学工作计划、课时计划）的制订，体育课（观摩课、评估课、检查课）的准备、实施、分析与评价，对学生体育课的成绩考核、教学工作总结等。这些工作都是相互衔接的。

在体育教学管理中，必须坚决执行体育教学大纲。体育教学大纲是指导体育教学的基本文件，由国家统一审定并颁布实施，它是体育教师进行教学的法律依据，所有的体育教学管理人员，特别是体育教师要对体育教学大纲内容所反映的基本原则有深刻理解，并且要根据地区、民族、学校等具体情况，从实际出发，在不违背体育教学大纲的精神指导下加以选择、充实、发展，实现学校体育教学任务，解决教材问题。目前，一些省市编写了体育课本，教师在使用课本上课时，亦应依据学校实际进行适当调整，并不断了解国内外教材建设情况，充实一些与发展现状相符的新内容。

在体育教学管理中，很重要的一个教学环节是制订体育教学计划。体育教学计划的制订是在体育教研室的具体领导下，由体育教师做出，并经学校审查、确定。首先，要依据体育教学大纲，结合学校、学生的实际情况制订出全年的教学计划。其次，按照全年教学计划制订出学期、阶段或单元计划。课时计划（教案）是体育教师上课的依据，也是体育教师备课的最主要内容。课时计划是根据学期、阶段、单元教学计划进度或可行性体育课本，由任课教师结合学生、学校实际情况（场地、器材）编写。课时计划写出后，还要在备课的全过程中用实践加以检验，并进行合理的修改、增补，以趋更合理。可以说，不到上课使用时，课时计划仍有修改的可能；即使上课了，也应依据课堂情况，随时调整。而学校的各种教学计划，也应在执行时进行必要的补充与调整。上述多种教学计划是互相联系、互相制约、缺一不可的。

在体育教学管理中,很重要的一点就是钻研教材。钻研教材应在教师自己钻研的基础上,由体育教研室组织或按一定的年级和按体育项目的项群分类集体钻研,明确教材的动作要领、重点、难点及教学步骤等。在钻研教材的同时,还要根据教学任务、教学重点、教学难点选择教学手段和方法,并在实际授课时及时检查、调整,提高教学效果。

在教学管理中还应组织检查(定期或不定期),以了解教学情况,获得信息反馈。对好的经验要发扬,对存在问题、出现事故的要吸取教训,以使体育教学更加完美。

(二)体育教学质量的管理

体育教学质量的管理,要依靠高校各部门、各环节、全体教职员工的共同努力,是集体成果。其中,体育教师在质量管理上负有重要职责。

1.建立体育教学质量标准

教学质量的评定是一项复杂的系统工程,受多方面因素的影响,很难确定量化标准。根据国内外的经验,体育教学质量可从以下三个方面评定:教师能力与教学水平,教学效果统计分析,教学手段、场地、器材的使用与改进。

2.设定教学质量评定方法

评定教学质量,不仅应注意评定方法的合理性,而且应注意评定时不应把一次课作为结论,而应对一定数量的课的质量进行综合衡量。

(三)体育教师的管理

对于学校体育教师的管理,不能不涉及教师的职责。体育教师的职责包括提高自己的思想道德修养,提升专业知识和业务能力、教学能力、实践能力、科研能力等。

在对体育教师的管理中,应特别注意建立教师业务档案。档案包括教师自然情况;参加教学、训练、科研、学术活动情况;创造、发明,编写学术论文、专著、教材情况;进修情况,包括成绩、鉴定,教师个人规划、受表彰情况;各种晋升呈报表、学期工作登记卡、评语、观摩教学情况等。

体育科研工作也是学校体育工作的重要管理内容之一。科研工作应以教师为主,由于教师知识结构等素质较高,又有实践经验,因此存在着搞好科研的基本条件;同时,教师亦可通过科学研究,多出成果,在加强自身能力的同时,还能对社会有所贡献,提高教学效果。学校体育科研工作应在教研室的统一领导下,有组织地进行，既可进行个人选题研究，也应注意发挥集体力量共同研究选题。科研工作的管理包括总体科研规划与计划的制订、实施，选题、审题、课题计划的制订、实施与研究成果管理。体育教师进行科研工作时，教研室及学校领导机构应给予支持，特别是对必要的设备、经费、资料的供给方面，应予创造条件。体育教师在选择课题时，亦应从实际出发，结合学校实际，并应注意科研成果的应用。

二、大学体育教育管理的组织

学校的体育行政管理工作是在学校党组织的统一领导下，由校长或主管副校长负责，进行分级管理。

（一）校长或主管副校长职责

校长、主管副校长是学校体育行政管理负责人，他们的工作是在上级部门的领导下，管理学校体育的一切事宜，贯彻政府（教委、体委）体育行政部门的指示、法规、制度，并以此为依据做出学校体育工作规划，以及有关工作计划；召开校务会议做出决定后，具体领导执行；根据工作进展情况进行督促、检查，最后做出总结。他们对教导处（体卫处）、总务处、共青团及教育工会的体育工作进行管理、指导。例如，通过团委落实宣传，通过教导处抓教研室的教学、业余训练、群体工作，通过总务处管理学校体育经费比例等，注意调动全校师生关心学校体育工作，做好思想政治工作，关心他们的业务学习、体育锻炼及生活问题，指导他们的工作，与他们共同完成学校各项体育工作。

（二）教导处（体卫处）体育工作职责

在校长领导下做好体育教研、体育教学等工作，与体育教研室一起对学校体育工作计划（全年和学期的教学、竞赛、运动训练计划）制订出初步方案，交校长或主管副校长审批；负责对体育教师的业务学习、进修，学校体育教师配置，体育教研室主任的选拔、任免等项工作，必要工作请示校长或主管副校长审定；检查、督促日常体育、卫生工作。

（三）体育教研室的工作职责

在校长、主管副校长及教导处（体卫处）的直接领导下，依据党的教育、体育方针及上级的指示精神，协同各有关部门制订学校体育工作规划、计划，制定规章制度，对学校的体育工作随时提出建议；组织教师研究体育教学大纲、教材、教学方法，在学校领导下做好学校群体工作，组织业余训练队伍。

（四）体育教师的工作职责

体育教师是在体育教研室主任的直接领导下工作，接受教研室主任分配的具体工作，并创造性地完成。首先，要深入理解党的教育、体育方针，钻研业务，安心完成学校体育工作；其次，做好学校体育教学工作，钻研教材，掌握教学方法，制订课时计划，上好体育课，积极进行体育教学改革，提高教学质量；再次，积极承担业余训练工作，发现、培养体育优秀人才，组织课外体育活动竞赛，做好分管的具体工作，在做好指导学生锻炼身体的同时，培养他们的体育兴趣、习惯；最后，做好体育宣传教育工作，同时，协同总务处做好场地、器材管理工作。

（五）学校体育后勤工作的职责

接受校长、主管后勤工作副校长的直接领导，做好学校体育工作所需经费的预算，协同有关部门合理使用，并对使用情况进行必要的监督、检查；了解体育教学、竞赛业务，掌握体育场地、器材的使用规律，保证场地使用效果及器材供应，做好服务工作，及时对场地及器材进行维修、保管，建立采购、验收、入库、保管、出库制度；勤俭节约，组织自制器材，注意与使用者合作，教育使用者爱护场地、器材；主动解决体育器材不足问题；参与卫生室（校区）学生体质测定及建立健康卡片工作；积极参与制订学校体育工作计划，制定体育规章制度；做好科研工作，对所有工作要及时做出总结、汇报，对学校体育工作提出自己的想法、建议。

学校体育各部门的职责实质上也是学校体育行政管理各自角色上的体育行政管理内容，这种管理是互相联系与制约的，因此各部门间的协同合作是至关重要的。并且，在完成各自的管理任务时，要讲究管理的方法及管理思想，这样才能全面地做好学校的体育管理工作。

第六章
高校体育教学理论方法及革新

第一节 体育教学方法概述

一、体育教学方法的概念

国内外学者很早就已开始对体育教学方法的研究。在研究的过程中，诸多专家和学者对体育教学方法概念的界定有以下共识。

第一，体育教学方法是体育教学系统的重要组成部分。

第二，体育教学方法与体育教学系统其他要素之间具有非常密切的关系。体育教学方法服务于体育教学目标和体育教学任务，应能够促进体育教学目标和任务的实现。同时，体育教学方法又受体育教学内容的制约。

第三，体育教学方法是"教"与"学"的统一，可有效促进师生的双边互动。

第四，体育教学方法受到特定的教学理论的指导。

第五，与其他科目教学方法相比，体育教学方法在注重教学语言要素的同时，更加注重动作要素。

综合我国学者对体育教学方法的研究，一般认为，体育教学方法是指为实现体育教学目的而采用的手段、方式、措施和途径等的总和。

二、体育教学方法的分类

（一）教法

教法是体育教学过程中的教师层面的教学方法，也是本书所指的教学方法，可以具体理解为教师的授课方法。

1. 知识技能教法

知识技能教法包括基本知识的教法和运动技能的教法。

（1）基本知识的教法

基本知识主要是指体育运动项目的基本理论知识，基本知识教法就是针对这些理论知识展开教学所使用的教学方法，主要涉及基础学练理论教学。

一般来说，体育基础知识的学习主要是抽象知识的学习，具有一定的难度，不像体育运动技术那样可以直观、生动形象地展现，这就需要教师在体育教学过程中深入了解学生的知识基础、思维能力选择相应的教学方法。[①]教学方法应具有可操作性，并注意与体育运动实践的结合。

（2）运动技能的教法

运动技能的教法即通过相应的教学方法向学生呈现技术动作，帮助学生很好地理解运动技能的概念、构成及完成方式。这对于学生提高体育运动技能具有重要的作用。其教学方法应便于运动技能规律与特点的揭示，便于具体的技术动作的形象化、生动化展示。

运动技能教法的应用特点如下：①教师通过教学方法的科学选择与实施，促进学生对具体的运动技能的掌握。②充分考虑与教学体系中其他要素，如教学内容的关系，结合教学内容分析，运用相应方法帮助教师完成教学任务。③结合实际教学情况，充分发挥教学方法灵活多变的特点，随机应变，在体育教学活动中灵活处理各种教学要素。

2. 思想教育法

思想教育法是为展现体育思想教学内容而应用的教学方法。开展思想教育法时应注意体育思想、体育道德内容展示的特点，促进学生的体育价值观念、体育精神、体育道德、体育意志品质等的发展与提高。

思想教育法意在促进学生如下几个方面的效果。

第一，形成良好的意志品质。

第二，发展个性。

第三，提高团队协作意识。

第四，形成正确的价值观和审美观。

第五，发展创造性。

---

① 任婷婷.高校体育教学管理改革与模式构建［M］.长春：吉林大学出版社，2017.

（二）学练法

1. 学法

学法的主体为学生。在体育教学中，学生的学法就是了解和掌握体育相关知识的方法，通过具体学法的选择与应用，促进学生对体育知识和技能的掌握。

在体育运动教学实践中，学法的应用要求如下。

第一，确保学生能掌握教学目标所要求的基本知识与技能，并结合个人情况有所发展。

第二，体育学习中，应重视体育知识、经验的积累，自身体能与新知识、技能的有机结合，使体育技能学练符合自身身心发展的规律、特点。

2. 练法

练法具体是学生的运动训练方法，是实现体育教学目标的重要方法和途径。

体育教学是一项身体实践性非常强的学科教学，各种体育知识、技能都需要学生的体育活动实践才能理解、掌握，并在之后的体育活动中表现出来，这就需要学生在体育学习过程中结合具体的学习任务、目标及自身实际情况科学、循序渐进地参与体育运动训练，不断提高自己的体质、体能、运动水平，并进一步促进自我体育运动专项体能、技能和心理能力的发展。

三、体育教学方法的特点

（一）实践操作性

与其他学科不同，体育学科的学习更多时候需要学生进行各种各样的身体练习，具有很强的实践操作性，因此，教师在选择教学方法时应充分考虑学生开展身体活动的可操作性，同时应考虑客观的体育教学条件能否为教学方法设计的体育教学活动组织提供必要的物质支持。

体育教学方法的实践操作性受体育身体活动的基本性质影响，同时，也受学生参与体育活动的形式的影响。教师选择与设计教学方法时，应结合具体教学实际对教学方法进行必要的调整，如果教学方法中的某一个环节和形式安排可能在接下来的教学活动开展中受阻，则教师应该灵活变通。总之，不能让教学方法停留在理论层面，而应落到教学实践中，符合教学实践。

（二）多感官参与性

体育活动的开展过程是师生的身体活动参与过程，教师与学生进行各种体育技术动作示范、练习，都需要充分调动身体各部位的组织和系统的功能。例如，教师通过动作示范教授学生某一项具体的体育运动项目的技术动作，学生要利用眼睛去看动作、利用耳朵去听讲解、利用肢体去感受动作。因此，体育学练的过程，也是学生身体多感官共同参与的过程。

在体育教学中，为了获得良好的体育教学效果，体育教师在选择和运用教学方法时应注意教学方法能否充分调动起学生的多种感官的积极参与，优化教学效果。

体育教学方法对学生的多感官的体育调动与参与主要表现如下。

第一，体育学习中，需要学生动用思维、感知、记忆和想象，需要学生用眼睛、耳朵以及肢体等感受运动的方向、力度的大小和动作的幅度等，进而形成正确的动作定式。

第二，在形成正确的动作定式的基础上，将所接收到的教学信息进行整理、分析，协同大脑思维活动，指挥身体的各器官完成相应的动作，并通过不断重复技术动作，最终实现动作技术的正确和精细。

（三）时空功效性

体育教学方法的各教学实施阶段都表现出体育活动的时空功效性特点，以及教学的时空特点。

体育教学开始阶段，教师作为教学主导者，指导学生进行相应的学习活动，进行相应的分析、示范和指导。

体育教学期间，教学活动的主体发生了相应的变化，学生的主体作用在不断增强，学生通过认知、分析和练习，掌握相应的知识和技能。

体育教学结束阶段，教师进行相应的总结和分析，对学生的学习过程、学习效果进行客观、全面的评价与分析，并预告下次教学内容，实现本次课与下次课的时空衔接。

（四）动静交替性

体育运动的教学与训练应保持动静结合，这主要是受运动者个体运动负荷承受范围的影响，是体育教学的基本规律和特点。

体育教学方法的"动"即指技能学练。体育运动技能的学习与掌握必须通过实实在在的身体练习来进行，体育教学过程中的各种体育教学方法都是为了促进学生更积极、更好地去参与各种身体活动，通过体育活动实践来掌握体育技能。

体育教学方法的"静"即指合理休息。学生在体育学习过程中，其生理和心理方面都要持续不断地受到刺激，并承受一定的负荷，长时间这样会导致疲劳影响学习效果与质量，这时就需要安排学生进行合理休息，包括积极性的休息和静止休息。①

（五）师生互动性

体育教学活动的开展需要教师和学生共同参与。整个体育教学活动不应该只是教师组织、学生参与，教师也要适时地融入学生的学练、发现、探索活动，及时给予学生正确的教学指导。教学方法的应用应有助于教师、学生对体育教学活动的积极参与，并促进师生互动。

（六）继承发展性

为了实现与时俱进，教育工作者要继续发展创新，教学方法及其应用也在不断丰富与创新使用，教师和学生的师生关系、课堂体验，以及体育教学效果都在不断优化。

第二节 传统体育教学方法及应用

一、传统体育教法及应用

（一）语言教学法

语言教学法就是教师通过语言表述，来阐述体育教学知识、文化、规律、特点、技术构成、教学活动安排与过程实施的方法，学生通过教师的这些语言表述来了解教学过程、参与学习过程、掌握必要的教学知识点。

---

① 杨乃彤，王毅.高校体育教学创新及运动教育模式应用研究［M］.北京：九州出版社，2020.

常用语言教学法举例如下。

1. 讲解教学法

讲解教学法即教师通过语言讲解来开展教学。讲解教学法通常用于体育理论教学。讲解过程中，教师应充分考虑学生的理解能力与认知能力的特点与水平。

讲解教学法使用要点如下。

第一，讲解要明确，突出教学内容的重点、难点、特点。在体育教学中，教师对于教学内容的讲解必须有明确的目的，不能漫无目的地讲解，这样只会使学生抓不住重点，不能理解教师的用意，导致学习效率低下。

第二，讲解要正确，注重讲解内容（历史文化、动作术语、技能方法等）的准确描述。

第三，讲解要生动、简明、有重点。讲解应便于学生更好地理解教学内容，如生动形象化的讲解可加深学生的认知，教师可以适当加入肢体语言帮助学生理解。再如，关于概念、技能难点的讲解应有重点，围绕关键技术讲解，更便于学生掌握动作要领。

第四，讲解要通俗易懂、深入浅出。教师要善于运用对比、类比、提问等方式进行启发性教学，帮助学生积极思维，使学生举一反三、触类旁通、学以致用。

第五，注重教学内容讲解的时机和效果。

第六，重视讲解内容的前后关联性。

2. 口头评价法

口头评价法是体育教学中非常重要的教学方法，教师可以在课堂上及时、快速地给予学生最直接的评价、提醒，也可以在教学结束之后，对学生的课堂表现进行口头点评。

根据评价性质，口头评价有如下两种。

（1）积极评价

教师对学生的评价是鼓励性的、表扬性的、肯定性的。

（2）消极评价

教师对学生的评价是负面的，以批评为主。这种评价显然会让学生感觉到挫败和沮丧，对此教师应掌握必要的语言沟通技巧，注意措辞，要就事论事，不能过分打击学生，更不能进行语言方面的人身攻击。

3. 口令和指示法

口令和指示具有简短的高度概括性。在体育教学过程中，借助简短的字词对学生给予必要的提示，也可以收到很好的教学效果。

口令和指示法的应用要求如下。

第一，教师应发音清晰、声音洪亮。

第二，教师进行口令和指示时应尽量使用正面引导、积极性的词汇，并注意提示的时机。

第三，合理把握口令和指示的节奏，尽量做到语言精练、言简意赅。

（二）直观教学法

直观教学法是利用对学生的感官冲击来加深学生对体育教学内容的印象，使学生更直观、生动、形象、直接地了解教学内容。

体育教学中常见的直观教学法有如下几种。

1.动作示范法

在体育教学中，教师通过对教学内容的动作示范，来使学生对所要学习的技术动作有一个生动形象的了解，同时熟悉动作结构和要领。

运用动作示范法时应注意以下几点。

（1）明确示范目的

教师在进行动作示范之前，要明确示范的目的是什么，具体要展示什么。

（2）示范动作正确、流畅

教师进行教学动作示范是为了给学生提供必要的技术动作模仿对象，因此教师的示范动作必须正确、流畅，避免误导学生。

（3）示范位置合理

教师的动作示范应让每一个学生都能全面、准确地观察，使所有学生都能够清楚地观察到示范动作，因此，应选择合理的位置进行示范。

（4）示范应与讲解结合起来

示范和讲解的结合能充分发挥学生的视觉、听觉、触觉等各感官的作用，使学生的听觉和视觉器官同时利用起来，以更好地加深学生对正确技术动作的理解与掌握。

2.教具演示法

采用图表、照片和模型等直观教具辅助教学，能使学生更加易于理解相应的技术结构和动作形象。

应用教具演示法时，应注意以下几点。

第一，提前准备好所需的教具。

第二，教具应进行全方位展示，例如介绍具体器材的使用方法时，可以让学生近距离体验。

第三，注意教具的使用与保护。

3.案例教学法

案例教学法就是在体育教学中举例子，使学生对体育教学内容的理解更加简单、直观、形象。

案例教学法的应用要求如下。

第一，举例应恰当，避免举无效案例。

第二，对战术配合和组织的案例分析应尽可能详细，并注意多角度（如攻守）分析。

4.多媒体教学法

多媒体教学法是现代体育教学中广泛使用的方法。与传统的课堂板书教学不同，多媒体教学能令教学内容的展示更加生动形象，而且教师可以更加准确地利用多媒体教学技术向学生分析动作的细节，如通过动画和视频演示，可以将每一个动作精确到秒，若将教学内容制作成电影、幻灯片、录像等，通过重放、慢放、定格等操作方法，能使学生更深入、系统地学习知识，掌握技能。多媒体教学法的使用需要必要的多媒体教学技术支持，也需要教师具备一定的多媒体技术操作能力。

（三）完整教学法

完整教学法是体育教学中广泛应用的一种教学方法。该教学方法重在完整地、不间断地演示整个技术动作过程，通常在体育教学实践课中运用。

应用完整教学法时应注意以下几点。

1.讲解要领后直接运用

教师在对体育运动技术动作的分解讲解后，紧接着示范整个技术动作，能使学生流畅地模仿完整的技术动作。

2.强调动作练习重点

在体育实践教学中，对于较为复杂的动作，教师应明确讲解、示范重点，使学生正确把握技术动作难点。

3.降低动作练习难度

对于难度较高的动作，教师可以降低动作难度以便于学生完整练习，在正确动作定型后逐渐增加难度，待学生熟练后再按标准动作进行完整动作学练。

4.应注意将各动作要素进行分析

教师应将完整的技术动作的各要素进行分析，以使学生能够了解用力的大小、动作的程度等要点。

（四）分解教学法

分解教学法是与完整教学法相对应的一种教学方法，适用于复杂和高难度体育项目的技术动作教学，能将复杂的动作简单化，降低技术难度。

分解教学法具体是指在体育教学实践中，教师分解完整的技术动作，然后通过各个阶段、环节的逐个教学，最终使学生掌握整个技术。

运用分解教学法时应注意以下几个方面。

第一，对技术动作的分解要注意科学性，不能打破各环节之间的有效衔接。

第二，分解后的技术动作应依次教学，熟悉后注意组织学生对学习环节前后的衔接练习。

第三，分解教学法与完整教学法综合运用效果更佳。

（五）预防教学法

体育教学的开放性使得体育学习同样是一个开放的过程，可受到各种因素的影响与干扰，学生的个体差异性（认知能力、理解能力、肢体协调能力等）也使其不可能做到一下子都能准确掌握知识要点和动作要领，学习过程中难免会犯各种各样的错误，因此教师应针对学生的学习错误，及时进行预防和纠正。

预防教学法是对学生的错误认知、错误动作提前采取阻断措施的教学方法。

预防教学法的应用要求如下。

第一，在体育教学时，教师应在讲解过程中不断强化正确认知，避免学生产生错误认知。

第二，教师在备课时可结合自己的教学经验对学生可能会犯的错误做好防治预案。

第三，可结合口头评价、提示和指示帮助学生及时预防错误。

（六）纠错教学法

纠错教学法是学生在体育教学中出现认知、动作错误后，教师及时予以纠正的教学方法。

在体育教学过程中，教师应正确对待学生由于对各种动作技术理解不清或对动作掌握不标准而出现的错误，并进行有意识的引导和纠正。

纠错教学法的应用要求如下。

第一，纠错时，教师应注意正确技术动作的讲解，使学生明确产生错误的原因，及时改正。

第二，结合外力帮助学生明确正确技术动作的本体感觉。

预防和纠错相辅相成，和预防相比，纠错的针对性更强，要求教师认真分析学生产生错误的原因，有针对性地结合错误的源头采取相应的纠正措施，并给出改正方向与方法。

（七）游戏教学法

游戏教学法是指教师利用组织游戏的方式使学生完成预定教学任务的教学方法。这种教学法的应用比较广泛，常见于体育教学的初期，在调动学生的体育学习积极性与主动性方面具有良好的作用。

应用游戏教学法时应注意以下几点。

第一，所开展的游戏应与具体的体育教学内容相适应，应与教学内容相关。

第二，游戏应选择学生感兴趣的内容和方式。

第三，游戏开始前，应注意游戏规则、目的的讲解。

第四，游戏过程中，强调学生的积极努力、同伴的协同配合。

第五，游戏过程中，教师应监督学生在游戏中的行为，避免学生破坏规则，如有发生应实施"惩罚"。

第六，游戏结束后，教师应做客观、全面的评价。

第七，注意教学安全。

（八）竞赛教学法

竞赛教学法是通过教学竞赛的方式来开展体育教学的方法。竞赛教学法是体育教学不同于其他学科教学的一种重要教学方法，对于促进学生的身体素质、心理素质、竞技能力、社会性关系处理等都具有重要价值。

竞赛教学法的应用要求如下。

第一，明确竞赛目的，如通过足球运动竞赛切实提高学生的足球运动技能水平。

第二，合理分组。各对抗队的实力应相当。

第三，客观评价。对竞赛过程中学生完成动作的质量予以客观的评价，并指出改进的方向和方法。

第四，竞赛教学法应在学生熟练掌握相应的运动技战术后使用，避免学生发生不必要的运动伤害。

在体育教学实践中，教师不应只专注于使用某一种教学方法，也不能毫不顾及教学实际交叉和叠加使用多个教学方法。上述各种体育教学方法的应用应结合具体的教学实际情况和学生情况科学选择，进而促进体育教学质量和教学效果的不断提高。

二、传统体育学法及应用

（一）自主学习法

所谓自主学习法，即学生积极主动、独立自主进行体育学习的方法，学生在学习过程中，主动发现、分析、探索、实践，当然，整个学习过程也需要教师的必要的指导。

高校体育教学中，教师指导学生进行自主学习时应做好以下几个方面的工作。

第一，教师应针对学生的水平、特点，为学生安排难度适当的体育教学内容。

第二，教师可帮助学生制定学习目标，指出学生通过自我探索应该达到什么水平，解决哪些问题；学生则应根据自身的知识储备和能力水平，明确学习目标。

第三，学生应根据自身情况，对照学习目标，进行积极的自我调控，并及时改进教学方法和教学策略。

第四，教师必须认识到，组织学生进行自主学习，教师仍要间接参与学生的整个学习过程，自主学习并非意味着教师放任不管，教学中，教师应时刻关注学生的学习进度、是否遇到了一些问题，如果学生的学习偏离预期，则应及时引导。

（二）合作学习法

合作学习法是在教师的指导下，学生进行合作互助，通过责任分工承担不同学习探索任务，并最终解决问题，达到教师所设定的学习目标，完成教师布置的学习任务的学习方法。

合作学习能够提高学生的学习能力、合作能力。教学中，具体的合作学习操作方法如下。

第一，教师根据教学内容确定相应的教学目标。

第二，教师引导学生结成学习小组。

第三，全体学生在教师的指导下，根据教学内容确定相应的教学目标。

第四，确定各小组研究的课题，引导学生自己进行小组内的具体分工。

第五，小组成员合作完成小组学习任务与目标。

第六，不同小组进行学习和交流，分享研究成果，发现问题，取长补短。

第七，教师关注、监督学生学习，推动各小组活动顺利开展。

第八，教师评价，帮助学生总结。

三、传统体育练法及应用

（一）重复训练法

重复训练法就是反复进行某一训练内容的练习方法。重复训练法旨在通过反复的动作重复不断强化运动条件反射，使机体产生较高的适应机制，促进学生掌握和巩固技术动作。

1.重复训练法的类型

一般来说，可根据训练时间长短和训练间歇方式将重复训练法进行分类。

（1）按训练时间长短分

按训练时间长短，可将重复训练法分为短时间重复训练方法（不足30秒）、中时间重复训练方法（0.5～2分钟）和长时间重复训练方法（2～5分钟）。

（2）按训练间歇方式分

按训练间隙方式，可将重复训练法分为连续重复训练法和间歇重复训练法。

2.重复训练法的应用要求

第一，反复练习同一动作时难免枯燥乏味，因此训练中教师应时刻关注学生的情绪。

第二，训练中，教师应严格规范学生的技术练习，科学控制学生的训练负荷强度。

第三，教师应强调技术动作的正确练习，如果学生连续出现错误动作，应停止练习，防止错误强化。

第四，训练的数量、负荷和次数安排应符合学生实际。

（二）持续训练法

持续训练法是在保持一定负荷强度、运动时间的基础上无间断地连续进行练习的训练方法。

1.持续训练法的类型

持续训练法一般可按训练持续时间分为短时间持续训练法、中时间持续训练法和长时间持续训练法。

2.持续训练法的应用要求

第一，持续训练法使用单个或组合技术进行反复持续性练习。

第二，训练前，学生应熟悉具体的训练内容、程序。

第三，持续训练过程中，教师应关注学生的训练质量，确保其保持在一定的水平之上，提醒学生注意训练中的动作质量。

（三）循环训练法

循环训练法是对较多的训练内容进行分类和排序，依次完成训练内容与任务，然后再从训练最初的任务开始，不断循环重复整个训练内容的训练过程与方法。

循环训练法中的各项训练内容不同，对提高学生的训练兴趣和积极性、主动性有较大的促进作用。

1.循环训练法的类型

（1）按运动负荷特征分

循环训练法按运动负荷特征可分为以下三类。

循环重复训练法：对各训练内容之间间歇时间不做特殊安排。

循环间歇训练法：明确各训练内容的间歇时间。

循环持续训练法：各个训练内容之间不安排间歇时间。

（2）按训练组织形式分

循环训练法按训练组织形式可分为以下三类。

流水式循环：按一定的顺序一个接一个地周而复始。

轮换式循环：各学生于同一时间依各自练习内容进行训练。

分配式循环：先练习某一内容，然后依次轮换练习内容。

2.循环训练法的应用要求

第一，注意各训练内容的排序应合理，符合一定规律。

第二，训练应逐渐深入，不要急于求成，一般可以先练习一个循环，过2～3周再增加一个循环。

第三，任何时候，训练参与最多不得超过5个循环。

（四）完整训练法

完整训练法是指从头到尾完整地完成一个动作、一套动作、一个技战术配合的训练方法，整个训练一气呵成，没有中断。

实施完整训练法时应注意以下几点。

第一，完整训练法多适用于单一技术训练。

第二，对于较复杂的技能训练，教师应注意学生的技能基础的良好奠定，然后再进行完整训练。

第三，在进行一些运动项目中的战术配合训练时，教师应注意指导学生对整个战术节奏、要点、关键环节的把握。

（五）分解训练法

分解训练法与完整训练法相对，是对训练内容进行阶段、环节划分，然后逐一攻破、逐一精细化地学习与练习的训练方法。

1.分解训练法的类型

（1）单纯分解训练法

该方法把训练内容分解成若干具体部分，然后分别练习各部分。

（2）递进分解训练法

该方法把训练内容分解成若干具体部分，然后依次有序练习各部分。

（3）顺进分解训练法

该方法把训练内容分解后，先训练第一部分，再训练第一、第二部分，然后训练第一、第二、第三部分……依次逐渐增加训练内容。

（4）逆进分解训练法

该方法与顺进分解训练法相反，先训练最后一部分，再将前一个训练内容叠加训练。

2.分解训练法的应用要求

第一，要进行科学分解，不能切断不能分割的部分。

第二，分解训练各部分熟悉掌握后，应进行完整练习。

（六）间歇训练法

间歇训练法中对"间歇"的把控是重点，具体是通过对训练时间的严格规定，通过训练内容与训练时间的有机结合与搭配，安排各训练内容与阶段的训练方法。

1.间歇训练法的类型

间歇训练法的基本类型有三种。

（1）高强性间歇训练法

该方法适用于体能主导类速度性和耐力性运动项群的素质、技术及技能主导类对抗性运动项群中的攻防训练。

（2）强化性间歇训练法

该方法通过强化间歇来控制训练。

（3）发展性间歇训练法

该方法适用于减少人数且比赛时间分解成阶段性的连续攻防训练。

2.间歇训练法的应用要求

第一，根据超量负荷的原理，训练中可提高每次练习的强度，增加练习重复次数和调整间歇时间。

第二，间歇时间应科学、合理。

第三，训练负荷应得当。

第四，下次训练前，应使机体完全恢复。

（七）程序训练法

程序训练法是按照一定的顺序进行的程序化、模式化的运动训练方法。

1.程序训练法的类型

（1）顺序训练法

该方法按照一定的规律和标准明确训练程序，依次展开训练活动。

（2）逆序训练法

该方法多在特定的训练目的下进行，较为少见。

2.程序训练法的应用要求

第一，强调训练过程的时序性。训练时序性应与训练内容逻辑性融为一体，控制训练过程。

第二，训练系统化。学生的整个训练过程应是系统、完整、可控的。

第三，训练定性化。具体的训练内容、方法和步骤应体现出鲜明的定性化特点，解决重点训练任务。

第四，训练程序化。整个训练应科学、有序地事先安排好，且应在严格检查、评定和监督下进行。

（八）变换训练法

变换训练法是重在对运动训练要素的变换，通过变换不同的训练要素来开展训练活动的训练方法。

1.变换训练法的类型

（1）内容变换训练法

该方法中的技能训练的内容可为技术动作的变异组合，亦可为固定组合。

（2）形式变换训练法

该方法变换训练场地、线路、落点和方位等条件或环境。

（3）负荷变换训练法

该方法重视负荷强度或负荷量的变换，如降低负荷强度，掌握正确的运动技术动作，形成正确的动作定型；提高负荷强度及密度，以适应比赛要求。

2.变换训练法的应用要求

第一，训练通过各种条件的"变换"来实现，这种"变换"应使学生产生适应。

第二，当初次训练时，或者基础差的学生参与训练时，一次训练中变换的要素不宜过多。

（九）比赛训练法

比赛训练法是以赛代练的训练方法。

1.比赛训练法的类型

体育教学中的比赛训练法主要有以下几种。

（1）训练性比赛

该方法以训练条件为基础，训练与比赛交叉或同时进行。

（2）模拟性比赛

该方法对事先所了解的各种比赛信息进行归纳总结，训练中模拟比赛条件和环境，为正式参赛做准备。

（3）检查性比赛

该方法旨在检验学生在赛前的训练质量，通过训练，发现不足并改进。

（4）适应性比赛

比赛环境是真实的，通过真实比赛进行训练，提高学生的比赛适应能力。

2.比赛训练法的应用要求

第一，教师应确保学生具有一定的运动基础。

第二，要让学生明确比赛规则，训练要严格按照比赛规则开展。

第三节　符合现代教育理念的体育教学方法

一、现代创新体育教法

（一）探究教学法

探究教学法也称为指导发现教学法，是一种充分发挥学生能动性的教学方法。在教师有意识的体育教学中，让学生经历教师所设计的各种教学环节，引导学生逐渐发现问题、讨论问题，继而处理和解决问题。

探究教学法符合现代教育教学理论对学生的要求，也是新体育课程强调学生主体性理念的重要表现，因此在体育教学实践中日益受到重视，该教学方法在体育运动教学中得到了尝试并收到了良好的教学效果。

探究教学法的体育教学应用有机结合了教师的"教"和学生的"学"两个方面，适用于战术、攻防关系和技术要点的教学。

（二）合作学习教学法

合作学习教学法是通过对学生的分组，使学生以小组形式完成学习任务的教学方法。合作学习教学法有利于学生养成合作和竞争的意识，对于在集体性运动（如足球）中发挥集体协作作用具有重要的帮助。

在现代体育运动中，许多项目都需要相关者的共同参与，即便是以个人运动技能展示为主的体育运动项目，在运动技能练习的过程中，也需要其他同伴的陪伴，离不开大家的相互配合。因此，通过合作学习不仅能增加学生之间的默契配合，提高学生的合作意识和合作能力，还有助于形成良好的教学环境和氛围。

（三）多元反馈教学法

新课程标准要求重视学生在体育教学中的地位，重视和谐师生关系的建立，多元反馈教学法正是一种强调教师与学生之间在学习过程中融洽合作的教学方法。

该方法突出教师与学生之间、学生与学生之间进行信息的交流与反馈的及时性，重视通过对学生的积极性、主动性和创造性的激发与调动，促使教学信息的多向传递，促进学生通过系统的知识学习实现自我发展。

（四）多媒体技术教学法

多媒体技术即计算机辅助教学（Computer Aided Instruction, CAI）技术，是伴随着计算机信息技术的发展而发展的。多媒体教学技术应用于教学已经有较长的一段时间，且因其具有可嵌入性以及良好的交互性深受师生欢迎。多媒体技术的发展使得体育教学的教学手段更加丰富，现多应用于体育理论课教学。

相比于传统的教学手段，多媒体技术将体育运动相关的图片、flash、视频等引入课堂，综合了学生视觉、听觉内容，教学效果良好。它替代了传统意义的录音机、手鼓、节拍器等教学手段，教学方式更加智能，并表现出便捷、生动、立体、交互、实时、可长久储存等特点。

（五）计算机网络教学法

计算机网络教学法依托于计算机技术和网络通信技术，可以使体育教学更加生动、互动与高度交互。计算机网络教学法改变了传统课堂教学的范畴，大大拓展了教学的时间与空间。

现阶段，计算机网络教学法在高校体育教学中的运用，主要体现在校园教学学习网络的建立。借助于校园计算机网络建设和学生的网络设备，可形成多元化的综合性校园体育教学网络。与传统体育教学方法相比，在新的依托计算机网络的"教"与"学"的交互平台上，师生之间、学生之间可以利用在线交流、邮件、留言等形式实施互动，不仅有助于降低教学的时间与空间限制，还能提高教学维度，优化教学效果。

和多媒体技术教学法相比，计算机网络教学法更加智能化，教师所使用的教学资料和教学工具都是数字化、集成化的，课程内容以电子教材的形式呈现。在网络课程教学过程中，还可以实现网络即时模拟讲课、批改作业，在课内教学的基础上很好地解决了教学的延续性问题，师生的交互性更强，并突出了针对性、实用性和趣味性，寓教于乐，可以促进学生的体育学习和教师体育教学的教学相长的良性循环。

二、现代创新体育练法

（一）模式训练法

模式训练法是根据规范式模型进行的训练方法。和其他训练方法相比，模式训练法主要有以下两个特点。

1. 信息化

必须先收集到有关情景、环境、条件的信息，才能进行有针对性的训练。

2. 定量化

训练的内容、方法、步骤等应进行定量控制，以便随时调整和完善训练。

（二）动作组合训练法

动作组合训练法是对多个技术动作的综合训练方法，适用于操类运动、球类运动等基础技术动作的练习。这种训练方法可令训练内容更加丰富、多变，主要有以下三种分类。

1. 动作递加法

动作递加法是通过两个和多个动作连接起来进行练习的方法。当教会学生一个动作或组合时，必须及时与前面的动作或组合连接起来练习。

2. 过渡动作法

该方法是在新动作之前或组合与组合之间加入一个或一段简单易学的过渡动作的练习方法。

3. 动作组合层层变化法

动作组合层层变化法是每次把原有的组合按顺序只改变其中一个动作，使之过渡到另一个动作组合的方法。

（三）信息化虚拟训练法

信息化虚拟训练法具体是指通过信息技术创造虚拟训练环境，并在虚拟环境中进行体育训练的方法。例如，在篮球战术训练中，模拟 CBA 或国际比赛环境，运用 3D 游戏场景引导学生在 VR 眼镜下进行战术感知；在蹦床训练中，在虚拟蹦床比赛场景下让学生进行高精度的蹦床训练，实现多维判断。

第四节　高校体育教学方法的发展与创新

一、高校体育教学方法的发展趋势

（一）多元化

体育教学的复杂性决定了体育教学方法的多元化发展。体育教学发展至今，已经有了许多教学方法，随着体育教学在未来的不断发展，也必然会出现更多的教学方法。体育理论知识体系和运动技能内容的日益丰富、技战术的日益复杂、体育教学系统的多元化也都在客观上要求体育教学方法的多样化与多元化。单一的教学方法是无法实现教学目标的，新课程改革的开展与深化也要求必须创新教学思路与方法。体育教学方法的多元化还能为体育教师的体育教学提供多种选择，进而实现体育教学更加科学的组织与开展。

因此，在现代体育教学中，随着新课程改革的开展与深化，结合多方面影响因素，实现教学方法的多元化优化创新是体育教学发展的必然趋势。

（二）现代化

科学技术的发展为人们的生活提供了便利，在教育领域，新技术的应用对新的教学模式、教学方法的创新也提供了技术支持。教学设备的现代化是体育教学的重要表现之一。随着体育教学的各项技术的逐渐发展，其教学方法也必然呈现出现代化的发展趋势。

传统高校体育教学理念与方式已经表现出局限性与落后性，传统课堂板书、单纯体能训练的教学方法已经与现代社会和学生的发展需求严重不符，不能充分调动学生学习积极性，所以加快高校体育教学方法创新是高校体育教学改革的必然，而且创新意义重大。

新时期，随着现代体育教学的发展，现代化的教学设备、技术在体育教学中已广泛应用。通过先进的现代化设备，教师能够对学生的身体素质进行更加深刻的了解，并能够更好地制定运动训练的负荷量。在教学管理方面，能够对学生的学习和生活提供更加便捷的服务。而在体育理论教学中，多媒体、计算机软件等的运用，使得体育教学更加生动形象。

在科技迅速发展的大环境下，科学技术的进步对教学方法的影响是极其深远的。多媒体技术教学、移动通信教学、网络教学等诸多新的具有现代时代特点的体育教学方法的优化和创新，充分吸收了现代的先进科技，为学生的体育学习提供更加快捷、生动、形象和立体化的教学情境，符合当下学生的学习习惯与需要，也经过教学实践证明确实优化了教学效果。

（三）民主化

民主化教学是现代体育教学改革中所提倡的一种新的体育教学思想。民主化的体育教育有两方面的要求：其一，体育教育面向全体学生，每一个学生的体育参与都是民主的；其二，呼吁体育教学中的师生民主。

随着体育教学过程中民主意识的崛起，民主化的体育教学方法也逐渐得到快速的发展。在体育教学方法的选择过程中，也应关注到体育教学中的民主化条件、氛围的创设，让学生在良好的教学环境中学习、参与体育活动。

（四）合作化

在现代体育教学实践中，只运用一种教学方法是无法完成整个教学的，需要综合使用多个教学方法，这就是体育教学的合作化。

体育教学方法的合作化是体育教学方法的重要创新策略，目前，自主学习、合作学习等推崇民主教学的教学方法已经在我国高校得到广泛应用，极大地促进了教学目标的完成和学生的全面发展。

一方面，注重学生合作的教学方法的选择，有助于培养学生的体育合作意识，是实现对学生的体育学习的社会性能力培养与发展的有效途径，能更好地通过教学活动组织实现体育的社会性教育功能。

另一方面，多种各具特色的体育教学方法的综合运用，可以最大限度地发挥不同体育教学方法的优势，不仅能够有效地提高学生的技战术水平和知识水平，还能够培养学生的品德和意志品质，是对多元体育教学方法的一种"优势放大"，有利于体育教学效果的完善和教学质量的提高。

（五）个性化

体育教学中的教学方法面向的是全体学生，但学生之间存在着差异，这就需要在选用体育教学方法时也应突出个性化，体育教学的方法应随着学生各方面的变化（学生的时代特征、个性差异等）而进行适当的调整。

体育教学中的个性化发展要求教师根据学生的具体情况，采用不同的体育教学方法。这对于提高学生的体育学习兴趣，充分调动学生的体育学习积极性与主动性具有重要的意义和作用。

（六）心理学化

体育具有多元教育功能，促进学生的心理健康发育也是体育教育的功能之一。因此体育教师在选择教学方法时应为体育的心理教育功能服务，在体育教学中应重视学生心理塑造，正确引导学生，培养学生健身意识，促进学生的良好体育道德、体育意志品质、体育精神和体育行为的养成。

（七）最优化

不同的教学方法各有优点，因此教师应针对具体的教学内容和教学对象特点，甄选出最优的教学方法。

具体来说，最优的教学方法应充分考虑两方面要素：教学方法具有创新性和系统性，教学方法具有实操性和实效性。

二、高校体育教学方法的科学选择

（一）依据教育理念选择

教学理念对教学方法的选择有重要指导作用。教学方法的选择应以最新体育教学理念为指导，具体要求如下。

第一，现代体育教学强调素质教育，强调学生的身心健康全面发展。体育教学方法选择应体现"以人为本"，促进学生体育参与与学习过程中的"健康第一"和终身体育意识。

第二，体育教学方法的选择应体现出学生在体育教学中的主体地位，有利于激发学生的积极性与主动性。

第三，体育教学方法的选择应重视教学活动中对学生的体育意识、体育能力的培养，为学生走出校门、走向社会继续参与体育奠定知识与技能基础。

(二)依据教学目标选择

体育教学目标是科学选择体育教学方法的重要依据,具体要求如下。

第一,从体育教学的总体目标要求出发,保障每次课的教学目标和总体教学目标都能实现。

第二,充分考虑教学媒体的选用能否实现本次课的教学目标,结合目标应用不同教学媒体、选择不同方法。

第三,教学方法要充分考虑具体教学活动安排所要实现的每一个小的教学目标。如为了让学生巩固技能,教师应多采用练习法、比赛法等;为了教会学生学习新技能,教师应多采用讲解、示范、分解、模仿练习等教学方法。

第四,现代体育教学总目标是促进学生体魄强健和身心健康,所有教学方法的选择都应该以此为标准,不能偏离这个标准而只考虑短期的教学目标的实现,短期教学目标的实现也是为长期教学目标的实现服务的。

(三)根据教学内容选择

体育教学内容丰富,在展示不同的教学内容时,需要使用不同的教学方法,以呈现出最好的教学效果。具体要求如下。

第一,选择体育教学方法时应充分考虑体育教学内容的方便实施,如技术动作教学,应采用直观的示范法;原理教学,应采用语言讲解教学法。

第二,选择体育教学方法时应充分考虑教学内容的表现方式,通过哪种方式能更好地将教学内容呈现给学生、最大限度激发学生的学习兴趣,就选择哪种教学方法。如图片展示更直观便捷,就不用语言讲解。

(四)依据学生特点选择

学生是体育教学的对象,教学活动的开展离不开学生,否则教学就没有任何意义。对于体育教师来说,体育教学方法的科学选用是为更好地促进学生体育学习服务的,所以在具体的教学方法选择中应重点考虑学生的特点。

在体育教学中,科学选择体育教学方法,既要考虑学生群体特点,还要考虑学生个体特点。就学生群体特点来说,要抓住某一学生群体的共性,科学选择能涵盖学生这些共性的、有针对性的体育教学方法。如低年级学生应多采用游戏方法教学,高年级学生多采用探究、发现法教学。就学生个体特点来说,应关注不同学生的个体差异,针对不同学生采用不同的教学方法。

（五）依据教师条件选择

体育教师是体育教学的组织者、指导者，是体育教学活动的安排者，也是体育教学方法的选择者、实施者，因此，选择教学方法时应充分考虑教师的相关条件，包括教师的素质水平、知识结构、教学能力与经验等能否充分发挥出相应教学方法的优点，教师的教学风格、性格特征是否与其匹配。

在选择体育教学方法的过程中，教师应认真审视自己，根据自己的实际特点、本次课程教学目的和课堂控制来选择合适的教学方法，扬长避短，使教学方法更具针对性。

（六）依据教学环境与条件选择

在体育教学活动开展过程中，体育教学方法的选择应考虑整个教学活动所涉及的教学因素，其中，客观的教学环境与条件应是重点考虑的因素。

具体来说，教学环境包括场地、器材、班级人数、课时数以及外界的社会文化环境。体育教学条件则涉及体育教学的硬件条件、软件条件等。

体育教师应关注这些客观教学环境因素的影响，充分考虑如果选择和实施某一种教学方法，有没有实施这种教学方法的必要的客观环境和条件的支持。

三、高校体育教学方法的优化创新

（一）教学方法的优化策略

随着现代体育的不断发展，教师在体育教学方法优化创新应用方面的意识越来越强，不断有新的体育教学方法被提出并应用到体育教学中去，体育教学方法体系不断得到丰富。但也不乏会出现为了创新而创新的现象，这严重违背了体育教学的客观规律，忽视了体育教学中的学生、教师、教学条件等客观实际，是一种不科学的创新。

科学的体育教学方法的优化创新，应在注重对教学方法和教学现实的深入分析，充分了解不同教学方法的各自优点，针对具体教学内容和教学对象特点的基础之上。此外，对教学方法的合理运用是科学组织与实施体育教学的重要前提，也是体育教学方法优化创新的前提。

（二）教学方法的组合创新

教学方法的组合创新是现代体育教学方法优化创新的必然趋势和要求，具体是指以合作学习法为基础来进行教学方法的优化创新，最大限度地发挥不同体育教学方法对体育教学的促进作用。

第七章
游戏教学模式在高校体育教学中的实践与创新

第一节　游戏教学模式在高校体育教学中应用的理论基础

　　游戏教学模式是顺应教学目标和课程标准的要求，把作为载体的体育游戏视为教学的方法与手段，同技术教学有机结合，组织学生在游戏的愉悦氛围中学习和拓展知识技能，充分调动学生的学习自主性和创造性，从而达到预期教学目标的一种教学模式。

一、游戏及体育游戏的内涵

　　从游戏的起源来讲，游戏最早的形式产生于人类原始社会早期，为了满足生产生活的需要而形成的一种具有一定规则的娱乐性活动。作为人类社会的普遍现象，每一种游戏都深刻地反映着游戏产生之时的特殊社会生产生活情景，这已在部分研究中证实。例如在人类社会的早期，游戏就被人们作为一种教育手段。人们借助游戏对年幼的生产者进行教育，传授各种生产和生活的经验。因为游戏自身与生产和生活"互为表里"的关系，而使人类社会早期的人们通过游戏教育使年幼的生产者更快、更早地融入现实生活，游戏自身也随着社会物质生活条件的发展而不断丰富。而对于体育游戏来讲，它无非是从"游戏大家庭"里划分出来的一个分支，是游戏内容的重要组成部分和表现形式。在现代社会最为流行的体育项目中，也有大部分是最初的游戏形式被人们不断地规则化而发展形成的，这也使得"游戏""体育游戏"和"体育项目"形成了内在的联系。[①] 关于"体育游戏"的概念，不同的学者虽然都从不同的角度进行了阐释，但本书将其定义为：体育游戏是按一定的目的和规则进行的一种有组织的体育活动，是一种有意识的、创造性和主动性的活动。

二、体育游戏的特点

体育游戏作为游戏的一种重要表现形式，其自身不仅能够表现出游戏的一般特性，而且能够凸显体育的主要特征。体育游戏主要是以人体完成基本体育动作为主的游戏，是一种能将人的德、智、体的发展寓于一种浓厚的娱乐氛围中的有效方法。其主要特点表现如下。

（一）娱乐性

娱乐性是所有游戏的"生命"，体育游戏也不例外。在体育教学中合理地运用体育游戏，能让体育课生机盎然且不失活力。体育游戏的娱乐性使教师和学生们在体育课堂中唤醒原始的娱乐冲动，表现得更为兴奋和活跃，对每一部分教学内容能够积极应对。

（二）普及性

体育游戏的内容是丰富多样的，不同的人群经过选择都能够满足其不同的游戏需求。在教学中也是如此，面对不同的学生、学段、教学内容都能够选择或创编出合适的体育游戏，以满足健身、娱乐、教学等不同的需求。

（三）规则性

体育游戏的规则性既能够从原始的游戏中传承，又能够在实际的创编中不断地创新，目的就是要使体育游戏不断地满足不同的需求。在体育教学中的游戏更是如此，它需要一定的规则才能够保证教学有条不紊地进行，顺利地实现教学目标。

（四）竞争性

如果说体育游戏的娱乐性激发了人们原始的娱乐冲动，规则性保证了体育游

---

① 杨乃彤，王毅.高校体育教学创新及运动教育模式应用研究［M］.北京：九州出版社，2020.

戏的顺利进行，那么，竞争性则可以说是最大限度地调动了人们参与体育游戏的积极性。通过竞争，体育游戏的效果将发挥到极致，人体自身的潜能也能得到充分激发。现实中的体育游戏大多是以个人或者集体取胜为目的的竞争性游戏，通过游戏完成的数量、质量和速度来评判游戏的胜负，表现出人们在体力、智力以及合作能力方面的竞争形式，获胜者能够满足内心的愉悦并能够充分地展现自我。通过竞争培养的这些能力对于体育教学来讲无疑是有利的，它会帮助学生更深刻地体会体育的精神内涵与魅力，更加出色地完成体育课的教学任务。

（五）目的性

通常人们进行体育游戏都具有一定的目的性，或是愉悦身心，或是培养团结协作的精神，或是完成某些体育活动任务。总之都是为了调动大家的兴奋性，使某一枯燥的技术学习环节更加生动有趣。

三、游戏教学模式与高校体育教学

游戏教学模式是根据教学大纲，将教学内容与生动有趣的游戏相结合的教学模式。在高校体育教学中，教师通过各种各样的游戏为手段，使学生进行学习，并培养多方面的能力。

（一）体育游戏教学模式与高校体育教学特点的内在联系

体育游戏教学模式就是要通过游戏自身的娱乐性、竞争性、普及性等特性的发挥，有效辅助体育教学目标的实现。目前，我国高校培养学生的目标根据学校类型的不同各有不同，正因如此，造成了高校学生在身心发展方面的差异。高校学生更注意个性能力和综合能力的培养，体育课提供的各种竞争性内容，为学生社会适应能力的发展和勇于竞争、锐意进取精神的培养提供了较大的空间。体育课具有一定的运动量和负荷强度，枯燥、单一的传统教学模式很难满足高校学生的内心需求。所以，丰富生动的游戏教学形式能够使学生更容易融入体育教学，既能满足学生的特殊心理需求，又培养了学生良好的运动技术技能，使其领悟到体育的魅力，为终身体育奠定基础。

（二）体育游戏在体育教学中的作用

从体育游戏的特点看来，体育游戏之于体育教学的作用是明显的，它激发了学生的体育学习动机，培养学生的集体主义精神，教育学生遵守纪律、团结协作，巩固和提高学生的体育技能，历练学生的创新思维和敢于拼搏的竞争精神，对于体育教学有着深远的意义。具体的作用主要表现在以下几个方面。

1. 对教学的有效辅助作用

体育游戏在体育教学中具有辅助作用。在倡导游戏教学模式的教学实践中，体育教学的每一环节都能穿插游戏内容或者整个教学过程都能通过一个游戏过程串联起来。首先，体现在对体育课准备部分的教辅作用。在体育课的准备阶段，学生的身心一般都处在安静状态，身体关节灵活性差，肌肉发僵，内心体育冲动不强，大脑兴奋性不高，尤其是一些对体育学习兴趣不高的学生，更表现出对体育课的消沉态度。所以，游戏教学模式的引用就显得尤为重要，在体育课的开始阶段采用游戏教学模式，能够有效地帮助学生在一个娱乐的气氛中实现身体预热，提高学生参与的积极性并产生对体育活动的兴趣。正如某些心理学家所说，兴趣是学习最好的老师，合理有效地选用游戏教学模式能使学生产生参与体育学习的兴趣，等于为学生提供了体育学习的动力源泉。其次，就是对体育课基础部分的辅助作用。通常体育课准备部分的内容以复习旧知识和传授新知识为主，传统的教学只注重言传身授，教学模式单一，很难提高学生学习的兴奋性。通过游戏教学模式，能够迅速提高学生大脑的兴奋性，使其注意力得到集中，在游戏中完成对旧知识的复习和对新技能的学习；还能使学生面对难度较大的技术动作时，不会再因为产生恐惧感而退缩，而是在轻松愉快的游戏氛围中逐渐掌握技术动作。尤其是采用经过合理创编的针对性强的游戏，更有益于学生学习新、难的技术动作。最后，在体育课的技术部分安排合理的、轻松愉快的游戏，有助于学生缓解体育课高度兴奋的神经和疲劳的肢体，以放松、平静的身心投入后续的文化学习之中，同时保持对体育课的期待。

2. 强化了体育课健身功能

在传统的体育教学中，由于教学模式单一、内容枯燥、活动性不强直接造成了学生体育课学习兴趣低下，参与体育活动的积极性不高，进而影响了体育课的健身效果。通过游戏教学模式的应用，能够有效地提高学生对体育课学习的积极性和对文化知识学习的兴奋度，让学生通过在体育课上对体育知识和技能的有效学习，充分了解体育的魅力所在，养成体育运动的习惯。另外，体育游戏的形式多样，体育游戏教学模式在实施中不受严格的人数限制，使得每一位学生都能够在体育游戏过程中获得身体锻炼的机会，同时学习了体育知识和技能，保证了体育课健身功能的强化。

3.赋予了体育教学的娱乐功能

传统的体育教学多是教法单一、气氛沉闷,体育课给人的感觉是完成固化的达标项目。游戏教学模式的合理采用,正好迎合了学生繁忙的文化学习后内心的需要,使传统的枯燥教学变得生动有趣,感受到游戏娱乐气氛的学生的兴奋性强烈,对体育课中知识和技能的学习表现积极,进而使体育课教学收到满意的效果。

4.拓宽了体育课的教育功能

体育游戏都是有一定规则的,学生在积极接受游戏性教学的同时必须遵守游戏的规则。同时,游戏的内容和形式又是多样的,其参与的形式不拘一格,有单人参与的,也有需要多人分组合作的游戏,而且体育游戏都要根据完成的数量、质量、速度等标准判别胜负,这样就使体育游戏的行为内涵更为丰富,教育功能更加全面。首先,体育游戏培养了学生踊跃参与公平竞争的精神。体育游戏最终总是会分出胜负,参与体育游戏的集体或个人都会产生一种强烈的获胜欲望,并且要求游戏的参与者要遵守规则,公平竞争,这些精神正是现代社会人们所必须具备的品质。其次,培养了学生团结协作的精神。体育游戏模式教学中最为常见的集体性体育游戏需要发挥集体智慧的力量,大家必须团结一致、相互配合,最终才能获得游戏的胜利。再次,有利于学生思维的启发和创新能力的开发。在体育教学中,某些技术动作或基本技能尚未被学生熟练掌握的情况下,教师通常采用将技术、技能融入游戏的办法,精心设计游戏,利用游戏的特性引导学生的思维在无形中掌握基本的技术和技能。最后,学生能够通过熟练掌握的技术、技能,在教师的指导下自行组织、创造新的体育游戏,满足课堂体育游戏的需求,这样的体育游戏既能够让学生实现有效参与,又能够通过对游戏的创编、开发增强学生的自主创新能力。

(三)体育游戏在教学中实施的理论研究

通过合理的游戏规则,体育游戏的实施成为游戏教学模式中最为重要的环节,体育游戏的组织实施效果如何,会直接影响游戏教学模式全面功能的发挥,最终影响体育教学的整体效果。科学合理地研究体育游戏教学的组织实施对游戏教学模式的实践具有深远的指导意义。

1.体育游戏的实施要把握好体育游戏的质和量

对于体育游戏的质和量的把握,最重要的一点应该是明确体育游戏在体育教学中所充当教学辅助作用的角色。对于游戏的质来讲,游戏的内容一定要贴合教学目的,比如在课程的准备阶段,体育游戏的实施要尽可能地起到身心预热的作用,为课程的基础部分做好全面的身心准备工作;在课程的基础部分,尤其是教授新内容时,游戏的采用要注意对新授内容的针对性,起到最有效的引导作用,游戏的针对性和效益性一定要高。对于游戏的量来讲,游戏的活动量太大会直接影响体育课的教学效果,毕竟体育课的目的不仅是锻炼学生的身体素质,更重要的是完成教学计划,授予学生正确的运动技术和技能,为学生终身体育习惯打下坚实的基础。另外,游戏的质和量还应考虑学生身心发育的特点,否则也会间接地影响体育教学的效果和质量。

2. 体育游戏的实施要注意发挥游戏的特色

体育游戏是集竞争性、娱乐性、教育性等特性为一体的体育活动。发挥体育游戏的竞争性,就是要合理地编制游戏规则,保证学生公平地完成体育游戏。发挥体育的娱乐性,就是要摆脱体育游戏的正规竞赛性,简单易行、情节生动,又能合理竞争并且实现胜负,这样就能让同学们在体育游戏中乐此不疲。教育性的发挥则体现在体育游戏实施过程中的每一个细节上,团结协作、公平竞争、善于创新都是体育游戏教育功能的具体体现。时刻保持游戏自身特色的发挥,才能充分挖掘游戏教学模式为体育教学带来的效益。

3. 体育游戏的实施要保证安全第一

体育教学的培养目标就是要培养德、智、体全面发展的人才,游戏教学模式在体育教学中的应用也必须遵循这一总体目标。体育游戏自身形式和内容的多样性常常使得体育游戏应用中组织形式不拘一格,而且鉴于体育教学环境的特殊性,安全性自然成了教学过程中需首要注意的问题。首先,在游戏教学模式的实施前要进行必要的安全教育,严守游戏规则,保证课堂的组织纪律性。其次,注意检查游戏器材和游戏场地的安全性。最后,要注意控制学生的游戏活动节奏,防止游戏中学生的兴奋性过高,忘乎所以,导致意外损伤的出现或因情绪失控导致学生之间的争执而出现安全隐患等。

四、体育游戏教学模式中游戏的选择

从游戏教学模式的特点和产生的特殊效果可以看出,游戏教学模式的应用改变了以往枯燥、乏味的体育课堂气氛,使得体育课生机盎然,对学生各方面能力的培养和课堂教学效率的提高起到了积极的促进作用。在游戏教学模式下产生各种有益教学效果的同时,对游戏进行正确的选择与应用是非常有必要的。比如在课程的准备部分选用活动量大的游戏,在教学过程中选用内容不健康的游戏,或者选用危险程度大的游戏等,都会直接影响体育课的教学效果,事倍功半。所以通常游戏的选择会遵循以下几个原则。

（一）体育游戏的内容应是健康向上的

在游戏教学模式的实践中，教师都会积极选择或者创编最为有效的游戏形式和内容，来辅助教学目标的实现。但这些游戏内容和形式的选择与创编必须是健康向上的，否则，虽然实现了体育课堂活跃气氛和体育教学的课堂要求，但是却直接影响了体育教学最终的思想教育的内涵。

（二）体育游戏的选择必须具有趣味性

体育游戏的趣味性是体育游戏的生命所在，更是其自身价值的有效体现，一个没有趣味性的游戏就像一个没有生命的个体，在体育教学中不仅不会起到应有的助学作用，反而会引起学生的反感。兴趣是最好的老师，一个富有趣味性的游戏必然会引发学生内心的娱乐冲动，对体育游戏产生浓厚的兴趣。体育游戏是一项较正规的、相对体育比赛又十分轻松的体育活动，对游戏者并没有过于严格的规则要求，所以参加者能够在体育游戏中以轻松愉悦的心态实现自我、表达自我。同时游戏参加者在轻松的氛围中，注意力能够高度地集中在活动内容上。通常游戏的竞争性越强、情节越生动，其趣味性就越强。这样的游戏会使枯燥、乏味的体育活动变得生动有趣，有效地调动学生参与体育锻炼的积极性。

（三）体育游戏要富有教育意义

学生通过参加体育游戏能够有效地锻炼身体，提升身体运动技能。但体育教学中对选择体育游戏的要求不仅要体现在身体方面，更要突出其教育功能。选择没有教育意义的游戏对于体育教学来说是不完美的。在体育课中选择体育游戏时要体现出德育、智育、体育的全面教育作用，这也是体育活动自身的魅力所在。通过参加体育游戏活动，使学生学会交往、学会合作，更要学会思维的发散和思路的创新，以适应社会千变万化的竞争环境。这样的体育游戏才是与体育教学相匹配的，才能辅助体育教学功能的全面实现。

（四）体育游戏的选择要简便易行、富有针对性

在体育教学中实施游戏教学模式的首要目的就是要使游戏起到有效的教学辅助作用。这就要求游戏的规则要简便易行、富有针对性，既不失游戏的内涵，又要有效地实现教学目标。如果一个游戏的选择过于繁杂，会牵扯更多的精力到游

戏的学习之中，这样在体育教学中势必会"喧宾夺主"，浪费大量的课堂教学时间，使教学效果适得其反。另外就是要注意游戏的利用效率，漫无目的的游戏更是会对教学计划的实施和教学目标的实现形成障碍。针对性强、利用效率高，才会取得事半功倍的效果。比如，在课程的准备阶段结合本次课的教学目标采用简单有趣、肢体活动针对性强的游戏，既调动了学生进行体育课学习的兴奋性，又着重实现了重点肢体关节的预热效果；而在课程的基础部分，选择简单易行并富有针对性的游戏，既能有效地完成旧知识的复习，又能够有效实施新知识的传授；课程结束部分的游戏选用，自然要实现放松身心的目的，以使学生心态平静地步入下一阶段的文化知识学习之中。

（五）体育游戏的选择要具备安全性

在当今体育教学实践中，学生安全问题已成为学校体育教学过程中最需关注的问题之一。在游戏教学模式的实施中，体育游戏的选择自然应把学生的安全放在第一位。游戏的实施出现安全问题，其一切教育意义等于功亏一篑。毕竟教育的最终目的是要培养全面发展的人才。所以在实施体育游戏时，教师的注意力必须高度集中，在游戏前期进行有效的安全教育，注意体育器材的合理选用、布置与利用；注意学生的身心发育特点，合理安排活动量；掌握学生的游戏节奏，以免兴奋性过高而发生意外伤害。

第二节　游戏教学模式在高校体育教学中应用的实践创新

现今，我国高校武术教学仍没有彻底摆脱传统教育的影响，仍然不同程度地存在着各种问题：学生武术学习的起点低且学习难度较大；一周一次两学时的教学课给学生记忆动作造成客观性的困难，如此短的教学时间不利于武术运动的深入学习；教学内容单一，教学模式单调。对于这些问题，不少高校引入游戏教学模式，不仅丰富了游戏教学模式在体育教学中的应用实践，而且为其他体育项目提供了参考和借鉴。[①] 本节就以武术教学为例，来展开游戏教学模式在高校体育

---

① 陈炜，黄芸.体育教学与模式创新［M］.北京：光明日报出版社，2016.

教学中应用的实践研究。

一、武术游戏教学模式引入高校武术教学的意义与作用

（一）有利于提高学生认识水平

通过武术游戏教学模式，学生对所学知识和技能能有更深刻的体验和内化，可以更进一步认识和理解体育与武术。在多种多样的武术体育游戏教学活动中，学生武术参与意识的增强、武术知识的掌握、武术技能的运用及同伴之间的相互帮助，也使学生产生了积极的自我调整和自我教育。在教学中，学生对武术知识和技术有了更深刻的情感体验，从而促进学生武术知识和能力的提高。

（二）有利于学生智力和非智力因素的发展

根据武术教材特点选择各类武术游戏教学模式进行教学，能使学生在更和谐的气氛中进行武术学习。它有利于学生武术学习兴趣的产生及保持，有利于激发学生武术学习的动机。经常性地引入武术游戏进行体育教学，能有效地提高学生情绪，促进学生的智力和非智力因素的发展。武术游戏往往是通过学生模仿武术动作、体验武术技术以及激烈的武术竞争来实现教学目的的，这使得学生的思维更为活跃，当思维活动与身体运动相互协调并实现统一的配合时，能更好地培养学生感觉、知觉、想象、注意力、性格、意志、情感等各类心理品质。学生可以在不断的武术游戏教学中，感觉教学中存在的问题，从而发展自我积极性，增强竞争的态度，对学生的学习、生活、理想、观念及人际关系等都会有极大的促进作用，并使学生在感情上得到升华，发展学生的智力和非智力因素。

（三）有利于顺利完成学校体育教学计划

在武术教学中充分利用武术游戏，对高校体育教学计划的顺利完成起着十分重要的作用。在武术教学中学生的注意力并不相同，兴奋性也各具差异，这样就会影响教学计划的贯彻和执行。体育教师应在教学的开始部分和准备部分中，积极采用各类武术游戏教学，提高学生中枢神经兴奋性，调整学生的心理状态。如武术模仿游戏、武术项目报数游戏可以提高学生的注意力和兴奋性，使人体由相对的安静状态逐步进入学习状态，以达到教学的准备活动的基本目的，使学生在生动、和谐的气氛下进入武术教学的基本部分的学习和练习。由于有些武术教材难度较大，学生的情绪容易受到一定影响，这时任课教师就应及时地改变教学模式，有

计划地选择一些武术游戏法进行适应教学。如在武术耐力教学中，教师可以根据教学进度和学生的实际水平，采用相互监督和促进武术游戏进行教学。

（四）有利于学生心理健康水平的提高

体育教师以游戏教学模式为基础，考虑武术教学的教法选择，适应学生的实际情况，引导学生学习武术知识和技能，保证武术教学的科学性，从而在教学中更好地提高学生心理健康水平。各类武术游戏不断引入课堂，活跃了课堂教学气氛，调解了学生学习情绪，使学生在欢声笑语中掌握武术知识和技能，在愉悦的心情中锻炼自己。

（五）有利于学生思想品德的提高

高校的武术游戏教学活动满足了学生的基本需求，使学生获得成功的情感体验，提高了学生对武术教学活动的兴趣，使之自觉地把武术锻炼活动贯穿在自己的今后生活中。教师在武术游戏中创造出具有一定难度和趣味性的游戏方法及手段，不仅发展了学生的体力和智力，更重要的是发挥了教学的思想品德教育作用，这对于培养学生良好的竞赛道德，勇敢的精神，负责任的态度，遵守纪律的习惯，活泼乐观、进取创新的品质都有积极的作用。

总之，高校武术教学中应用游戏教学模式是提高武术教学质量的必要手段，各类武术游戏是发展学生思维、促进学生智力、提高学生身体健康的重要教学活动形式。而且它既可用于发展学生一般性的身体素质，又可用于发展武术的专项性素质，也是培养学生遵守纪律、战胜困难、团结互助、热爱集体、积极进取等优良道德品质的基本手段。

二、游戏教学模式引入高校武术教学的教学设计

随着课程改革的深入，教师对教学观念、教学手段、教学策略、教学目标、教学评价等方面的把握都有了实质性的进展，发生了翻天覆地的变化，在很大程度上改变了传统教学中存在的一些形式，取代以全新的方式方法。作为教学中的一个重要环节——教学设计，是教学目的性、过程性、科学性与艺术性的统一。

（一）游戏教学模式引入高校武术教学的目标

课程的教学目标是一个阶段性的学习指南，所有的教学活动都围绕如何实现目标来开展。学校武术的基本教学目标是传播武术运动技术、传统武术文化知识

和思想。游戏教学模式作为一种较为新颖的体育教学模式，通过利用体育游戏的趣味性，使学生在和谐的气氛里从事武术练习和锻炼，并使学生乐于接受武术教学。将游戏教学模式引入武术可以有效促进学生参与意识，克服厌学情绪，在游戏中设计武术动作，体会发力、协调、动静、快慢的武术精髓，同时培养学生的创新精神。

（二）游戏教学模式引入高校武术教学的内容

如果武术教学内容陈旧，难以领会动作要领和深意，将使学生对教学内容产生厌烦和无聊情绪，有些武术动作偏难，也会使学生产生厌学和心理障碍。通过对学生教学内容的满意度调查发现，目前学生对武术教学内容不是很满意，更多的学生希望修改教学内容。现如今，高校的学生更倾向于学习散打、太极、器械等实用性强的武术内容，对于武术基本功的学习不太喜欢，对武术套路的态度则为一般。对此，高校应及时调整武术教学内容，安排更多实用性和适用性较强的与散打、太极和器械相关的游戏教学。

（三）游戏教学模式引入高校武术教学的教学结构

体育教学的基本结构是由准备阶段、基本阶段和结束阶段组成。在教学实践中，人们根据教学的规律以及学生在各个教学阶段所处的身体、心理状态，总结了许许多多有针对性的各类武术游戏，发展成较为系统的各个武术项目教学体系和方法。

1.武术游戏教学模式在教学准备阶段的运用

传统准备活动阶段通常采用慢跑、做体操等教学手段，但它只能达到调节学生生理机能的目的。如果这些手段长期反复使用，就会使学生感到枯燥，产生厌烦心理，而武术的游戏教学模式则能在短时间内迅速将学生的心理调节到最佳状态。

所以，在此阶段应结合教学内容有针对性地选择一些提高学生注意力和兴奋性的武术游戏，如"武友相聚""大刀接力"，把高校武术教学准备活动安排得丰富多彩、形式新颖多样，把学生的身心调节到最佳状态，以饱满的热情全身心地投入课堂教学中，为以后的教学打下良好的基础。

2.武术游戏教学模式在教学基本阶段的运用

武术的基本技术、技能的教学是课上最重要的环节，是衡量教学效果的主要部分。这一阶段的主要任务是使学生掌握武术的基本技术、技能，形成动力定型。

为达到这一目的，教师需要根据武术教学课的任务、内容、性质和学生的特点，适当安排一些武术动作的游戏，改变单一枯燥的武术练习形式，提高学生学习武术的兴趣，使学生在轻松快乐的气氛中完成教学任务。

武术游戏内容的选择要以武术课的教学内容为中心，具有较强的趣味性，才能激发学生的学习兴趣，真正做到边学边练的目的。另外，武术游戏教学时机的选择也非常重要，一般在技术动作形成的初期不宜采用游戏法，以免影响技术动作的巩固，应在学生开始重复武术动作练习时采用，这样效果会更好。

调查显示，学生对武术耐力教学较为反感，如果教师始终采用普通练习法进行教学，学生就会感到单调和枯燥，其学习情绪和意志品质的培养就会受到一定的影响。在武术耐力教学中，可以采用武术的一些耐力性游戏法进行教学。

3.武术游戏教学模式在教学结束阶段的运用

在体育课的结束阶段，学生已经处在疲劳期，需要尽快消除疲劳、恢复身体的机能，使学生的身心由紧张状态过渡到相对安静状态。这时可以运用一些小负荷的武术游戏进行教学。整理放松活动的武术游戏要充分体现趣味性的特点，在武术游戏的内容、形式上力求做到轻松、活泼、精彩和幽默，在欢乐中使学生的身心得到整理和放松。

三、武术游戏教学模式在高校武术课堂的组织教法

目前针对学生学习出现许多优秀的教学模式，例如，武术音乐辅助教学模式、讲授武术故事模式、武术口诀教学模式、武术特色教学模式、武术情境教学模式等，这些教学模式都对学生学习武术技术和技能起到一定作用，而在武术教学中运用游戏教学模式是一种尝试，将会对学生学习武术产生巨大的吸引力。[①] 在高校武术课堂上运用游戏教学模式，必须遵循一定的教学流程，才能实现武术游戏教学模式应有的效应，提高高校武术教学的质量。

具体来说，武术游戏教学模式在高校武术课堂的组织教法应该按照以下步骤和流程进行。

（一）根据武术课的教学的目的和内容来选择武术游戏

各类武术游戏具有很强的针对性，可以服务于各类具体的武术教学活动。武术课的形式多样、内容丰富，选择何种武术游戏活动应根据武术课的具体目的和

---

① 王刚，张德斌，崔巍.体育教学管理与模式创新［M］.延吉：延边大学出版社，2019.

内容而定。例如，课程的开始与结束部分所选择的武术游戏应有所不同，不同器械、不同拳种的武术教学课所选择的游戏都应有所不同。但无论选择什么类型的武术游戏，其目的都是所选用的武术游戏既要让学生得到身体的锻炼，又能为武术知识技能教学服务，有效地完成武术课的教学任务。

（二）武术游戏的讲解和示范

在选择好武术游戏后，教师必须先给学生讲解武术游戏的目的、方法和规则。可以按照武术游戏的基本要求，讲解游戏的目的、任务、内容、规则、活动方法以及相关的要点，让学生了解要注意的一些安全事项，从而使学生在游戏规则允许的范围内享受游戏教学的乐趣。

武术游戏的讲解顺序一般是：游戏的名称、目的、意义、组织和方法、规则和要求、注意事项等。讲解时，教师应选好讲解位置，做到两点：第一，每位学生都能听到讲解内容，游戏的重点内容、关键的词句要讲清楚；第二，讲解与示范相结合，重要的教学内容要做示范，以利于学生的理解和对游戏的认识程度。

（三）武术游戏中的合理分组

一些武术游戏必须采用分组或分队进行教学，这时教师应做到合理分组。在武术教学中，分组和分队的方法主要有：教师分组、报数分组、行政分组、组长分组和固定分组。教师采用何种分组方法，应根据具体的武术游戏内容、形式、教学条件，以及学生的具体情况来确定，做到分组和分队人数基本相等、实力大致相当。只有这样，在武术游戏活动中才能充分调动学生的积极性、主动性和创造性。

（四）做好安全组织、裁判工作并及时调整

在一些武术集体游戏中易出现拥挤推搡事故，在教学前应做好预防工作，提醒学生易出现的问题，并加以引导，组织学生有序地进行活动。游戏时应做到公平、合理、判罚明晰，多鼓励和表扬，游戏中的运动量、运动强度和情绪都要加以控制和调节。

（五）做好武术游戏教学的总结

各类武术游戏为达到一定的目的，不能仅仅注重练习过程，还要注意游戏之后的总结和奖惩。在武术游戏教学过程中，如果出现问题要及时停止游戏，并当场总结该处存在的问题以及应注意的事项，做到有的放矢地教学，从而达到事半功倍的教学效果。为了让武术游戏活动进行得更精彩，对学生应多鼓舞、多表扬，多肯定他们的优点，充分发挥学生的智慧，让学生不断提高学习兴趣与学习能力。

（六）预防武术游戏教学中的基本问题

在武术课的教学中，可能会出现一些教学问题，主要可总结为以下几种。

第一，游戏教学中的各类伤害事故。

第二，在游戏教学中，由于组织不当，加之学生争胜心强，易出现一些过激行为，如学生不团结现象，学生之间的相互责备、埋怨等。

第三，游戏运动负荷不合理。

第四，学生思想涣散、纪律性不强等现象。

为防止出现游戏活动的基本问题，在教学中必须注意以下问题。

第一，游戏的选择要科学，内容合理。

第二，规则制定要准确，裁判公平、公正。

第三，游戏组织要严谨认真。

第四，加强学生的纪律性和安全教育。

第八章
程序教学模式在高校体育教学中的
实践与创新

随着我国教育事业的改革和素质教育的不断推进，倡导并培养学生心智能力、实践能力和创新能力成为教育改革和发展的方向。为此广大教育者积极进行教学尝试，把心理学和教育学的教学模式交叉融合，取得了可喜的教学效果，从而加快了素质教育的进程。认知心理学的观点和一些新的教学模式被广泛应用于体育技术教学和训练中。[①] 其中最典型的就是通过对程序教学和时空认知的研究，通过二者的结合并应用于某些体育项目上，来为程序教学与时空认知相结合的教学模式在高校体育教学的应用提供理论基础，促进高校体育教学卓有成效地进一步发展。

第一节 程序教学模式概述

程序教学模式是指依靠教学机器和程序教材，呈现学习程序，包括问题的显示、学生的反映和将反映的正误情况反馈给学生的过程等，是学习者进行个别学习的方法。

程序教学理论的代表人物美国心理学家伯尔赫斯·弗雷德里克·斯金纳（Burrhus Frederic Skinner），也是当代新行为主义心理学派的代表。他通过实验发

---

① 岳慧灵.体育课程运动处方教学模式［M］.长春：吉林人民出版社，2020.

现动物的行为可以运用逐步强化的方法,形成操作性条件反射。他把这种操作性条件反射的理论引入人的学习行为,用于学生的学习过程,认为学习过程是作用于学习者的刺激和学习者对它做出的反应之间的联结的形成过程。其基本图式是:刺激—反应—强化。一种复杂的行为可用逐步接近、积累的办法,用简单的行为联结而成。

程序教学把学习内容分成一个个小的问题,系统排列起来,通过编好程序的教材或特制的教学机器,逐步地提出问题(刺激);学生选择答案,回答问题(反应);学生回答问题后立即就知道学习结果,确认自己回答的正确或错误。如果解答正确,得到鼓舞(强化)就进入下一程序学习;如果不正确,就采取补充程序,再学习同一内容,直到掌握为止。其基本操作程序是:解释—问题(提问)—解答—确认。

根据斯金纳操作行为主义的学习理论,一位教师要实施程序教学必须考虑哪些问题呢?首先,要仔细地考虑在特定的时间里计划教学的内容是什么,这些教学内容最终是要通过学生的行为的获得来表示的。其次,要考虑有哪些可以利用的强化物。这些强化物包括两种:一种是学习者在学习过程中对所操纵的材料具有强烈的兴趣性;另一种是在学习过程中给予学生奖励,譬如教师的一个善意的微笑、一句肯定的赞语、一件奖品等。最后,强化的最有效的安排,即教师要把非常复杂的行为模式逐渐精致地做成小的单位或步骤,也就是把教学目标进行具体分解,确定每个步骤所保持行为的强度,以使强化的效果能提高到最大限度。

课堂模式要求:课前,教师进行导入,明确本节课学习的目标;课中,教师先讲述较难的知识点,然后让学生做相应的7~10道题的练习(是学校训练量的7~12倍),再让学生进行课堂阶段性测试;最后,进行当堂小结,采取讲、练、测、评一体的形式完成课堂授课。教师给予有解答步骤的例题和足够数量的练习,学生就能根据例题形成适当的假设,并在解决问题的过程中不断地得到反馈,有效地获取知识。在学生练习过程当中,教师的任务就是针对不同学生的不同问题加以个别辅导,同时发现带有共性的问题,在小结时一并解决。这种课堂模式充分体现了学生的主体作用和教师的主导作用,教师的角色由知识的传授者变为学生学习的引导者、促进者、合作者;同时让学生掌握学习的方法,培养他们终身学习的愿望和能力。

第二节　程序教学模式的理论基础

程序教学模式的理论是由控制论、信息论、心理学、运动技能形成规律所构成，以反馈信息为主线，把刺激、反馈、强化应用于整个教学过程中，改变了传统教学中"模仿—记忆"的学习形式，倡导学生利用"发现—解决—记忆"的学习方法。该模式改变了传统教学中以教师为主的"满堂灌"的教学形式，重在培养学生发现问题、解决问题和自学的能力。

一、操作性条件反射原理

操作性条件反射原理是斯金纳通过动物实验得出的。斯金纳从小白鼠实验中得出人的行为可以分成两类：其一是应答性行为，是由原来的刺激所得的反应；其二是操作性行为，是有机体本身做出的反应，和其他任何刺激物无关。行为主义理论的核心思想是操作性条件反射。另外，他把条件反射也分为两类，与应答性行为相应的是应答性反射，称为S（刺激）型，S型名称来自英文Simulation；与操作性行为相应的是操作性反射，称为R（反应）型，R型名称来自英文Reactiono。S型条件反射是强化与刺激直接关联，R型条件反射是强化与反应直接关联。例如在网球教学中，学生对每个技术动作反复练习，通过对球的落点控制与挥拍动作这一行为的强化，逐步加强对技术动作的熟练程度，从而能够熟练地掌握每个技术动作。通过对各个技术的小步子学习逐步形成正确且完整的动作定型，符合操作性条件反射原理和动作学习规律。

二、强化理论

斯金纳通过实验研究指出：学习的过程就是对所学知识的不断强化的过程。为了增强某种行为的过程必须对某种行为进行不断的强化，这个过程就需要利用强化物对某一行为增加一定的刺激，才能保证这种行为不断地进行下去。根据斯金纳理论可把强化分为积极强化和消极强化两种。积极强化就是获得一定的强化物以增强某个反应；消极强化就是去掉讨厌的刺激物，由此加强了积极强化的效果。在教学中的积极强化就是教师的夸奖和自我良好的体验等，教学中消极强化表现在教师的皱眉和语言提示等方面。这两种强化都能增加某个反应再发生的可能性。斯金纳指出，不能混淆了积极强化和消极强化的作用。他通过系统的实验分析得出了重要结论：惩罚就是企图体现消极强化物或去除积极强化物去刺激某个反应，仅是一种治标的办法，它对被惩罚者和惩罚者都是不利的。他的实验表明，惩罚只会暂时降低某个动作的反应概率，而不能减少消退过程中反应的总次数。在他的实验中，当白鼠牢固建立按杠杆即得到食物的条件反射后，在它再按杠杆时给予电刺激，这时反应率会迅速下降。如果以后杠杆不带电了，按压率又会直线上升。斯金纳对惩罚的科学研究，对改变当时美国和欧洲盛行的体罚教育起了一定的改善作用。斯金纳用强化列联这一术语表示反应与强化之间的关系。强化列联由三个变量组成：辨别刺激、行为或反应、强化刺激。刺激辨别发生在被强化的反应之前，它能使某个行为得到建立并得到及时强化。学到的行为得到强化就是刺激辨别的过程。在一个列联中，在一个"操作—反应"过程发生后就出现一个强化刺激，这个操作再发生的强度就会增加。斯金纳认为，教学成功的关键就是精确地分析强化效果并设计特定的强化列联。强化原理在球类技术动作的学习中是非常重要的，在教学过程中对每个小步子（程序）进行多次练习以强化其对某一动作的认识程度，通过不断地去打球强化动作的完整性，从而使学生能够深刻地掌握每个技术动作。如在发球教学中，学生通过一定的程序对发球技术进行学习，每一次的成功发球都是对某个动作的进一步强化，直到学习者能够发出有效且高质量的球。球类项目中的任何技术都可以通过设计程序教材对动作进行不断的强化，从而增强学生对球类技术动作的掌握效果。强化原理不仅在球类教学中有重要的作用，在体育的各个项目中都起到非常重要的作用。

三、程序教学模式的控制论基础

程序教学是一个闭环式的循环控制系统，在这个系统中，要使学生沿着一定的路径达到教学目标，就必须对这个过程进行控制。而反馈是实现控制的必要条件，教学中只有通过学生的信息反馈发现问题，然后才能及时改进程序序列和教学模式，这就实现了反馈控制这样一个循环控制系统。体育教学过程符合这样一个控制过程。在体育教学活动中，教师通过正向控制运用教学手段和程序教材控制学生学习某项技术过程。利用反馈控制渠道，通过一定的评价方式和检验方法了解学生对运动技术的掌握情况，及时纠正程序中不合理的地方，然后根据程序教材施行更合理的教学程序，这样，就能不断地提高所编程序的科学性。经过如此多的闭环式的控制过程，使学生的学习结果科学地接近程序制定的预定目标。

四、程序教学模式的信息论基础

一位学习者学习动作的过程可以看作一个信息加工的过程。简单地说就是一个传递信息、获取信息、存储信息、检索信息、使用信息和信息反馈的完整过程，而且是以大脑皮质对动作的掌握以及调节为基础的。研究表明：在日常的信息中，只有15%～20%的信息来自听觉，60%～80%的信息是通过视觉接受的，而且视觉信息的内容比听觉信息的内容更丰富、更细腻、更形象。各个体育项目的教学有其特殊的信息传递规律，但在一定程度上也反映了这一规律，即教师获取学生完成动作的反馈信息。体育教学过程是一个以身体练习为主的教育过程，在体育教学过程中，学生通过听觉获取信息的时间要比其他教学过程少得多，这样也就无形中提高了视觉信息在体育教学中的重要性。

教学信息反映着教学系统自身的各种状态和特征。信息在现代教学训练中的运用主要表现在以下几个方面：运用控制信息有效地调节和控制学生的学习；运用信息反馈对正在进行学习的过程进行有效的检测和调控；运用信息对学生学习过程与状态进行诊断，了解学习的进展情况，评价学生的学习效果；运用获取的信息改进教学工作，以不断创造新的技术、教学手段与方法；运用扩大知识信息获取量提高教师和学生的知识和技能水平；运用各种不同的信息对教学、学习过程进行多学科综合调控。

信息论的观点是把教学系统看成信息系统，研究教学信息的传递、处理和储存，以揭示教学信息系统的活动规律和控制规律。程序教学过程中及时反馈、及时强化的控制作用是通过信息的传递、储存、处理而实现的，因此研究体育技术教学，运用信息论方法是十分必要的。体育教学中教师通过一定的手段把信息（也就是技术动作）传递给学生，学生通过对信息的加工处理进而形成正确的动作概念。所以在体育教学中运用程序教学也是以信息论为基础的。

五、程序教学模式的心理学基础

（一）行为主义心理学

学习过程实际上是一个刺激—反应、强刺激—强反应的过程，有怎样的刺激，就将产生怎样的反应，弱的刺激将产生弱的反应，强的刺激将产生强的反应。同时很多学者认为繁重的学习任务将提高学生的学习焦虑水平，而过高的学习焦虑水平反而会降低学生的学习效率。如何一方面让学生的学习任务增强，另一方面又不会使学生产生过高的焦虑,是体育工作者面临的重要课题。因此,在程序教学中科学合理地编制教学程序是非常重要的。

(二)体育心理学原理

体育心理学原理表明,动机是激励人去行动以达到一定目的的内在动因,它以欲望、兴趣、理想等形式表现出来,是个体发动和维持其行动的一种有意识的心理活动倾向。体育教学中学生的学习动机是指推动学生学习运动技术、经常参加体育活动的心理动因,是学生掌握运动知识、技能的前提。学习动机一般是由学习的自觉性和对学习内容的直接兴趣这两种心理成分组成的。学生对体育活动的学习动机,其自觉性和直接兴趣是互相促进并在一定条件下相互转化的。学习的自觉性可以进一步提高其直接兴趣,而直接兴趣也有利于培养其学习的自觉性,使学习效果更加理想。利用程序教学模式对体育技术进行教学,能够提高学生的学习兴趣进而提高其自觉性,使得其学习是主动学习而不是被动灌输。

(三)运动技能形成规律

从运动技能形成原理来看,形成运动技能就是要在刺激不断重复下建立"运动条件反射短时性神经联系",进而形成正确的技术动作。只有外部刺激才能形成运动技能。在学习中除了外部刺激,其内在的心理活动如情感、态度、思想活动等的作用对学习效果的影响也很重要。如情感在技能认知中进行活动定向,意识的作用在于支配动作的实施。学生在学习中表现出的主动性和积极性是建立在情感对教学信息的接受上,并认识到学习内容的价值,这时意识控制才会加强。虽然在练习中会出现错误动作,但由于可以得到及时的信息反馈,能够在主观上朝向练习目标,随着学习者控制能力的提高从而形成熟练的运动技术。运动技能从开始学习到熟练掌握全过程可以分为泛化过程、分化过程、巩固过程、自动化过程四个时期,这四个时期是一个完整的动作技能形成过程,这个过程是互相联系、互相影响、统一且不可分割的。

从体育教学具体实践方面来看,所谓程序教学就是借助一定的方法(控制论中叫"算法"),按一定的顺序有控制地学习任何一种动作技能的教育过程,是一种新的具有综合性特点的教育过程。程序教学训练是根据控制论、信息论、系统论的一般规律确定的一种运动技能教学训练的方法与过程。程序教学的实质和核心是提高练习者掌握知识技能过程的控制性,即把学习知识和掌握动作技能的过程置于体育教师的最科学合理的控制之下,使这个过程的顺序性、经济性和实效性均达到最佳的程度，从而大大提高体育教学的效果。在体育教学中，教师根据具体的技术动作编写合理的教学程序，实质上就是对动作技能进行科学合理的控制，并通过信息的传递与反馈控制学生学习技术的程序，使其有一定的顺序性，避免学生盲目学习，从而提高学习的经济性与实效性。

第三节　高校体育教学中程序教学模式的编制

一、程序教学模式的编制方式

（一）直线式程序教学

直线式程序教学是将教材分成若干个小的"步子"，并按一定顺序进行教学训练。其基本特点是练习者提出的所有问题都是按一定的直线单向序列进行的。它是一种相对简单的模式，适用于一些简单的技术项目。

（二）分支式程序教学

分支式程序教学是将教材分为比直线性程序更大的"步子"，每个大的"步子"中再确定一些具体的算法程序（即具体的方法和手段），根据选择的算法从每步所要学的教材中向学生提出各种检查性的问题，或是对前面学过的教材做补充性的解释，然后再给出新的检查性问题。例如，网球教学时，将正手动作分为引拍、击球、随挥几个大的"步子"，然后按以上方法分几步教学。每一步采取各种具体的方法进行练习，并用检查性的问题或手段进行检查或考核，完成一步后再进行下一步教学。分支式程序教学在教学中往往用于促使练习者动作技能的提高和技术结构较为复杂的运动项目的教学，如网球运动的教学。

二、程序教学模式的特点

（一）教学内容的时序性

这种时序是根据项目的特点按照一定的逻辑顺序而编制的，并按照一定的教学手段执行。程序教学的控制作用比传统教学更强。这是由于程序教学比传统教学更重视对教学过程的监督和考虑这个反馈来实现的，因而对教学过程的控制（约束、限制）就比传统教学强很多。

（二）程序教学比传统教学的实际教学效果更好

程序教学比传统教学的实际教学效果更好的主要表现在于：程序教学能更有效地提高练习者学习动作技能的积极性与自觉性；在分组教学与训练时，程序教学仍可以进行个别的教学与训练；程序教学是建立在各阶段教学效果得到保证的基础之上的，因而最终的教学训练效果不仅较好，而且教学训练过程也能得到保证。传统教学中教师大多是根据"经验"来进行教学的，缺乏必要的教材研究与分析，容易造成与学生的学习能力不相符合的情况。另外，传统教学缺乏严格的、周密的评价方式，对学生的运动技术掌握情况往往是经过一段时间后才进行检验与考查。所以，教师不能得到及时的反馈信息，这就容易使体育教师传授教材内容与学生学习、掌握教材内容之间出现失调现象，学生未能掌握的教材内容也会因为教师未能及时发现而产生恶性积累，直接影响以后各步程序的掌握，从而影响整个教学的效果。程序教学并不完全排斥传统教学，因为它是在传统教学模式的基础上发展起来的。目前，很多国家都在研究如何将传统教学与程序教学密切地结合起来进行动作技能的教学，以做到严格的程序与教师的经验及掌握教学过程的灵活性相结合。

（三）程序教学模式是在规定的程序教材中完成的

程序教学是一个完整的控制系统，这一系统是学生与教师之间的信息传递过程。教学中先由教师传授信息、学生接受信息，在动作学习的具体环节上教师又通过学生在练习过程中反馈的信息进行重新组合，找出该过程的优点和不足，转换成更科学合理的、更适合学生接受的信息进行输出，进而使信息不断频繁交换，使学习内容不断深化和提高。

三、程序教学模式的编制原则

（一）小步子原则

程序教材是把所学内容进行整理设计后将其分成几个部分，每部分就是一个知识段也就是所谓小步子，把这些小步子科学地连起来编制成较长的序列，后面的步子比前面的步子逐渐增加难度。学习过程中学生按照此序列完成到最后一步也就掌握了本次的学习内容，遇到难题只要返回上一步重新巩固就可以了。其学习内容是逐步呈现的，学习者能够循序渐进地掌握所学内容并最终完成学习任务。

（二）即时强化原则

学习过程中如果学生遇到困难，进行思考后仍解决不了，又没有教师的及时指点时，很容易放弃对本内容的学习。但是在根据程序教学方法学习时，学生自己便能够及时地找到解决问题的方法，也就是返回到上一步的学习，这样就可以对所学内容加深印象，在一定程度上相当于对学习的强化，更容易掌握学习内容。心理学研究表明，人对知识的学习是不断强化的结果，而知道答案也是一种强化，因为学习者可以增强其自信心并获得奖励，从而使学习者对学习内容更有兴趣，能够不断地进行自觉的学习。

（三）自定步调原则

在传统的体育教学中，教师是根据学生的技能水平和教材内容进行教学的，这种方法忽略了学生的个体差异，结果造成差生跟不上教学进度，优生不能满足其学习需求。最终显示为身体素质的差异导致传统教学模式教学效率不高。在程序教学中，学习者可以根据自己的实际情况掌握学习进度，可以根据对学习内容的掌握程度自定步调，按照自己的进度进行学习。自定步调体现了以学生为主体的指导思想，使不同水平的学生都能按自己的学习进度对教材进行学习。

（四）主动反应原则

程序教学的内容是由每一小段（小步子）内容按照一定序列组合起来的完整的内容，是一个完整的链条，学生能够不断地按照程序所提供的问题或方法进行学习。学生学习完一个内容后可以立即被强化或奖励，这样既保证了学习者能够处于积极的学习活动中，又增强了其对学习的兴趣。

四、程序教学模式的编制目标

程序教学是在高校体育教学改革的背景下为弥补传统教学的不足而提出的一种教学模式。传统的教学中教师强调的是达标，就是要求所有的学生达到同一个教学标准。它忽视了学生的个体差异，往往导致基础好的学生稍加努力就达到了教学目标。而基础差的学生付出很大的努力仍然可能达不到教学要求，这就容易挫伤学生的学习积极性。程序教学的目标是能够让90%以上的学生掌握基本技术动作，了解技术原理。另外，能够提高学生的自学能力、培养学生的体育兴趣，为终身体育奠定基础。

五、程序教学的控制系统

程序教学过程可以看成一个控制系统，这一控制系统是教师与学生之间的信息运动过程。在程序教学模式中，先由教师将信息传递给学生，学生接受之后在具体实践中提出反馈，教师利用反馈的信息重新调整教学程序与内容，然后再将调整后的信息传递给学生。如此循环往复，使得教学内容不断深化，教学效果不断改善。

程序教学具有严格的逻辑顺序以控制系统和满足连贯的动作技术要求，对动作技术的程序化教学的调控过程都是利用信息反馈来实现的。为了获取最优的教学效果，必须建立快速且有效的信息反馈控制系统。学生通过程序教学控制系统的调节，对所学动作与正确动作进行比较，发现问题，提出改进程序，不断修正错误。例如，在完成羽毛球正手抽球动作时，中枢神经系统不断获得有关动作的用力大小、动作节奏、动作方向等方面的信息，然后再通过新信息去纠正错误动作，从而提高正手抽球动作的质量。这样，在每个教学阶段都有一个合适的信息传递给学生，保证了学生的学习质量。另外，从反馈调控的角度来看，教师能及时在每一程序得到学生的反馈信息，便于了解学生的学习状况，及时调整、控制输出的信息，使学生在不同的序列里能获取最佳适宜信息，最后达到总体优化的目的。

第四节　程序教学模式在高校体育教学中的实践创新

程序教学模式作为一种有效的新型教学模式，在改善并促进体育教学的不断发展。当前不少体育教师为了更好地提高程序教学模式的教学效果，提出了程序教学模式与时空认知相结合的体育教学模式，即程序—时空认知教学模式，不断地对程序教学模式进行创新研究并应用于实践中。①

---

① 冯渭宏，王霞.体育课程教学模式与改革探索［M］.长春：吉林出版集团股份有限公司，2019.

一、程序—时空认知教学模式的概念

时空是一种客观抽象的概念，是万事万物存在的基本属性，能被人们所感知。而认知则是一种主观抽象的概念，是对外界事物的认识过程。时空和认知是作为人类认知事物的客观和主观的两个方面。人不是被动的刺激物接受者，人脑中进行着积极的对所接收的信息进行加工的过程，这个加工过程是认知过程即人的感觉器官对外界事物带来的刺激进行信息加工的过程。所以时空与认知结合在一起的理解就是：人脑对所感知到的外界事物的存在形式进行信息加工处理的过程。

程序—时空认知教学模式是教师根据不同体育技术项目的教学程序与学生时空认知的时空感觉、时空表象，以及时空认知建立、发展和巩固的规律紧密结合在一起，在教学过程中将两个程序结合起来进行教学尝试的教学模式。

这一教学模式适用于体育教学训练中基本技术动作的教学，能够提高教学进度与质量，提高练习成功率，缩短教学时数，对有效提高学生自主学习效果起到了重要作用。同时这两种教学模式的有机结合，能充分调动学生学习的积极性和主动性，培养学生思维能力、认知能力以及创新能力。另外，在教学过程中把教材分成严密的逻辑顺序单元，使学生对技术的认知和技术的掌握逐步进行，从而降低了教学难度，提高了学生的学习自信心。在教学过程中应对学生的每个反应做出反馈和调整，并及时对错误动作进行纠正，这样连续的信息反馈可以使学生沿着正确的学习方向、按照教学程序的要求在适合自己的学习速度上进行学习，不会因为个体素质及基础的差异而影响整体的学习进程。再者，教师对每次的学习情况都应详细了解，从而发现教学程序的不足之处，并及时对教学程序进行修改、补充和完善。

二、程序—时空认知教学模式在高校体育中的应用

（一）教学程序与时空口诀

教学程序和时空口诀的编制是开展程序—时空认知教学模式教学的前提，它们的合理与否直接关系到教学能否顺利进行，还会影响到教学效果。教师在编制程序和时空口诀时一定要按照程序编程方法，了解注意事项，遵循由易到难、由简到繁、循序渐进的原则。

1.程序编制方法

直线式程序的编制方法：把一个完整的技术动作分成若干个小步子，也就是

有若干个学习目标，学生在学习中掌握了第一个学习目标后，再学习第二个、第三个……按照顺序依次完成全部的小步子后，进行完整的技术动作练习，反复强化巩固，直到熟练掌握为止。

集中式程序的编制方法：学生先学习前几个小步子的内容，当前几个目标掌握并巩固后再进行下一个目标的学习，直到最后完成整个技术动作。

交叉式程序的编制方法：遵循"整—分—整—分—整"的学习模式，即先了解完整技术动作，再学习第一步的内容，掌握了第一步内容后重新学习完整技术，接着再学习第二步，掌握了第二步后再重新学习完整技术，依次类推，直到熟练掌握完整技术动作。

在编制体育技术教学程序时，随着程序的深入，动作难度加大，为了减少给学生学习带来困难，就要对体育技术动作进行结构分析，剖析出动作的关键点、难点和重点，并在技术上合理地调整小步子。此时可以采用集中式或交叉式的编程程序，让整个技术的衔接更顺利、更完整，也更容易形成正确的动力定型。针对动作的关键点和难点，应着重强调和反复练习，避免形成动作脱节的现象。从结构上可以把一个动作分成若干个小环节，难点就是对于学生来说比较难掌握、难理解的环节，它对学生完成动作的好坏和技评的高低有着重要的影响。关键点和难点有时相同，有时不同。但是重点就复杂点了，有时重点就是关键点和难点，有时重点只是一节课堂中所要侧重解决的那个问题。所以，在教学中分清楚关键点、难点和重点对学生的学习效果有很大的影响。

2.编制体育技术教学程序和时空口诀应该注意的事项

在编制体育技术教学程序时要遵循编程方法，结合体育运动的技术特点、技术结构和内在规律，将运动技术分别分解成几个小步子，再合理重组每一项体育技术的教学步子，形成一个新的教学程序。

在课堂前设计的时空口诀也是根据教学程序的小步子编制的，它的作用就是让学生更好地理解运动技术的时空特征，使学生更快地掌握运动技术。所以在设计时空口诀时一定要结合运动技术的动作要领。口诀要简单明了，便于学生理解和记忆，让时空口诀在辅助技术动作的学习中发挥最大的作用。

在编制运动技术教学程序与时空口诀时，既要考虑其合理性，又要考虑到两种教学模式的特点，必须把这两种教学模式的优点结合起来共同融入教学，才能使教学效果最大化，同时完成提高学生运动技术水平和终身体育意识，以及培养学生思维认知能力和自学能力等多方面的教学目标。

编制运动技术教学程序主要是为了让学生更容易掌握运动技术，所以在编制过程中应事先了解学生个体情况的差异,以及对体育运动的认识程度和感兴趣程度,只有在充分了解这些信息后编制出的教学程序才能符合学生的实际,容易被学生完全接受,才能在教学中取得理想的效果。

(二)程序—时空认知教学模式在高校跳远教学中的应用

根据现代跳远技术的特点,结合程序教学模式的编程方法及其特点,同时依据程序教学与时空认知相结合的教学模式在跳远技术教学中教法程序的构建基础,可以制定出跳远程序—时空认知教学模式的教学流程。

第一步,在课程开始前,教师要做好准备工作,分解好教学目标,确定本节课的学习内容,编制学生跳远时空口诀。

第二步,在课程的开始阶段,教师进行常规教学,并教给学生时空口诀,然后进行讲解示范,并让学生观看技术图片,加强跳远运动时空感训练。

第三步,进入自主练习阶段。教师引导学生进行自主练习,通过学生之间的相互交流,互相反馈意见,找出产生错误动作的原因,同时教师根据学生产生错误动作的原因,及时帮助和指导学生改进错误动作,再进行强化练习,以完成技术学习。

第四步,教师对学生进行测试。测试结果分为三种:通过,即学生能熟练地完成技术动作;基本通过,即学生能完成技术动作,但不熟练,动作不连贯、僵硬,必须通过强化训练后才能通过;未通过,即学生不能完成技术动作,需要重新讨论分析教师与学生之间、学生与学生之间的交流,反馈学习过程,找出解决办法。未通过但经过强化练习后通过的,可以进入下一单元的学习;仍未通过的,则必须继续学习,直至学会才能进入下一单元的学习。

第五步,课程结束前填写时空认知问卷,课后回忆课堂教学程序、手段和自己的感觉与体验。

(三)程序—时空认知教学模式在高校排球教学中的应用

教师采用程序—时空认知教学模式进行教学时的课堂操作可分为以下五个具体的步骤。

第一步,在上课之前教师要关注三点:教材、学生、方法。具体而言,"教材"就是课前教师已经预先编好的教学程序和时空口诀;"学生"是指在课前要让学生记住时空口诀,对排球技术有一个初步的了解,为课堂上的练习提供理论基础;"方法"就是将教材和学生结合在一起,即将技术动作和时空口诀进行动作演练，让学生对排球技术动作建立起正确且完整的认识。

第二步，在上课的开始部分依然是常规教学模式，教师给学生进行技术动作的讲解与示范，强化学生已经形成的动作时空感觉，从而诱发学生进行自觉练习。

第三步，在学生自学自练阶段，教师为了提高学生的自学能力，引导每一位学生根据自己的能力和水平选择适合自己的学习程序，这样不仅能提高学生的学习兴趣，也能收获更好的学习效果。鼓励学生之间相互沟通、交流意见，互相帮忙找出对方的问题所在，分析原因、解决问题。同时，教师与学生之间也要经常交流，给予学生及时的评价和反馈，纠正其错误动作，强化和巩固正确动作，帮助学生顺利完成课堂目标。

第四步，教师进行主观测试。测试结果可能有三种情况：通过，即学生很顺利地完成动作；基本通过，即学生动作完成得不熟练，还需要加强练习；未通过，即技术动作完成不了或动作错误。针对未通过的学生要重点去抓，更需要教师和其他学生的帮助和关心，而且未通过的学生应该主动找教师和其他学生交流讨论，找出问题所在及解决方法，纠正自身错误动作，强化正确动作的练习，一直练习到通过为止。

第五步，在每一节课下、课前都要填写时空口诀信息反馈表和自评细则表，以了解学生的学习信息和课堂体验情况。

三、对高校体育教学中程序—时空认知教学模式应用的再认识与建议

（一）对高校体育教学中程序—时空认知教学模式应用的再认识

在程序教学与时空认知相结合的教学模式中，先让学生通过时空口诀的学习，初步建立起技术动作的时空感觉，再将技术动作和时空口诀结合起来进行演练，加强学生对技术动作的认知，使其形成正确的动作概念和时空表象，降低了动作的学习难度，也减少了动作的错误率。通过录像、视频等教学手段反馈和强化学生的技术动作，进而达到提高学生运动技术和技能水平的效果。

程序教学与时空认知相结合的教学模式可以将总体教学目标有机分解，很大程度上降低了技术学习的难度，最后将分解的目标再优化组合，更容易完成总的教学目标。除了一般目标以外，程序教学与时空认知相结合的教学模式在课堂教学中，以教师评价、学生互评、学生自评的方式反馈信息，激发学生的思维认知能力，在学习中主动发现问题、分析问题、解决问题，不但提高了学生的自主性，

更重要的是培养了学生的综合能力。

(二)对高校体育教学中程序—时空认知教学模式应用的建议

课堂前设计的时空口诀是为了帮助学生理解和记忆技术动作的,它是形成正确动作概念的前提,因此时空口诀的设计一定要紧紧围绕动作的技术要领,使口诀简单准确,更方便学生的理解和记忆。

程序教学与时空认知相结合的教学模式将教学内容合理分解,虽然降低了学习难度,适用于不同水平的学生,但在教学中也要采用适当的辅助手段(语言、动作、电脑课件等),充分调动起学生学习的自信心和积极性,更要注意引导学生在练习的同时不断思考,做到学思结合,反馈与强化并存,这样才能提高技术动作的正确率。

在教学程序和时空口诀的编制过程中,不单要考虑教材内容的特点和两种教学模式的优化组合,更重要的是必须结合学生的实际水平,才能编制出合理有效的教学程序。

程序教学与时空认知相结合的教学模式在具体的教学课堂中,不能简单地套用程序,也要结合其他教学模式的优点和教学经验辅助教学,这样才能使教学效果最大化。

第九章
俱乐部体育教学模式在高校体育教学中的实践与创新

第一节 体育教学俱乐部理论

一、体育教学俱乐部概述

（一）体育教学俱乐部概念的界定

"俱乐部"一词源于欧美，亦称总会，为社会团体及公共娱乐场所的总称。在我国一般将各种文化娱乐、体育活动等场所也称为俱乐部。

根据美国经济学家詹姆斯·布坎南（James M. Buchanan）在《俱乐部的经济理论》中提出的俱乐部理论，可将俱乐部主要特点概括为：俱乐部有一定的地理区域范围，该区域范围内存在着有一定关系的人群，俱乐部具有相对的独立性，成员拥有相对一致的利益，某些需求可在俱乐部中得到满足。

由于体育俱乐部的多样性和复杂性，明晰体育俱乐部的概念显得更加重要。体育俱乐部是一种社会组织，是"人的集合"，是从事体育活动的社会组织，是自发的社会体育组织，是一种由社会兴办的开展体育活动的基层组织。体育管理部门对体育俱乐部界定为：由企事业单位、社会团体和公民个人利用非政府财政拨款举办的，以开展体育活动为主要内容的基层体育组织。体育俱乐部大体上可分为业余、职业和商业3大类。其中，业余体育俱乐部是一个非营利性的、业余的、自愿的、自治的群众性体育组织。

学校作为一个非营利的实体,应归到业余体育俱乐部这一类别中。体育课程既要突出课堂教学,又要服务于课外活动。学校体育的主要形式是体育教学,以体育俱乐部形式进行教学,应该遵循教学的规律,即在教师指导下,自由选择项目、教师和上课时间。① 具有共同体育锻炼爱好的大学生基于生理、心理、社会和自我完善等需要,以素质教育、健康教育为目标,以学校体育场馆为依托,围绕着某一运动项目,从大课程观出发,把体育教学、课外体育活动、群体竞赛、运动训练四者有机地融为一体并纳入课程之中,成为一种综合的体育教学形式,即为俱乐部体育教学模式。

(二)俱乐部体育教学模式的特点

1.明确的培养目标和指导思想

俱乐部体育教学模式结合高校体育教学实用性、多样性、社会性、娱乐性的特点,以终身体育为指导,把增强学生体育锻炼意识,掌握体育锻炼技能、方法,养成锻炼习惯,提高身心健康水平及社会适应能力作为教学的出发点和归宿。立足"课内增知,课外强身"的指导思想,体现"以人为本"的教育思想,围绕运动参与目标、运动技能目标、身心健康目标、心理健康目标和社会适应目标开展体育活动。

2.新颖的教学组级形式

俱乐部体育教学模式打破了年级、专业的限制,按学生需求和水平分层教学,教师按项目分不同级别进行教学,这样既发挥了教师的专项特长,又有利于学生形成最佳的情感体验,符合因材施教的原则,是适宜学生全面发展的教学组织形式。

3.会员制度

会员制要求学生在交纳一定的会费的情况下才能加入俱乐部,享受会员待遇,并以此来维持俱乐部日常的正常运转,这在一定程度上也引导了大学生的体育消费价值观的转变,同时,通过会员制度更有利于教学和管理,提高教学质量。

4.体育教师的专业特长得到了充分发挥

在传统的体育课中,体育教师要根据教学大纲中的内容,上不同类型、不同项目的体育课,但在实际教学中会有些教师感觉到难以胜任,既保证不了教学质

---

① 杨乃彤,王毅.高校体育教学创新及运动教育模式应用研究[M].北京:九州出版社,2020.

量，也影响了体育教师在教学中的主导地位的发挥。通过俱乐部进行教学，体育教师能充分发挥自身专项特长，在学生中建立了良好的形象，发挥了教师在教学中的主导地位，提高了教学质量。调查发现，课外单项体育俱乐部或一些体育协会的指导教师都是各个专项中最具说服力的教师，如曾经获得过全国比赛的冠军，这些教师在学生的心目中具有较高的威信，教师的人格魅力也在吸引着学生参加俱乐部的活动。另外，教师之间也充满竞争性。从选课、择师到择教的机制看，学生的选课、择师完全是动态的，学生对教师的择教也是随机的，学生对教师的满意度是作为教师考核的主要依据，这样反向要求教师不仅要成为某一项目的专家和权威，还要掌握几种体育运动技能。

5.学生参与教学与组织管理

俱乐部体育教学模式把学生的兴趣爱好放在第一位，在强调教师主导地位的同时，更加注重学生主体地位的发挥。把组织、管理、活动等权力交到学生手中，提高了学生学习的积极性、增加了学生学习的主动性。在进行体育教学时让学生参与其中，不仅培养了部分体育骨干，更重要的是让学生掌握了体育锻炼的方法，养成了体育锻炼的习惯，让他们的能力得到锻炼。他们用课堂上所掌握的体育锻炼的手段、方法去指导课外体育锻炼，在体育教学中实现了有形效果和无形效果的统一，教育的短期效应和长期效应的统一。

6.课内外一体化，拓展体育时空

俱乐部体育教学模式是以传授理论知识、培养兴趣、增强体育意识、掌握运动技能为主，是实现体育课程目标的有效方式。对学生而言，课内学习运动技能，课外通过课内所学知识去指导课外实践，并在教师、体育专业高年级学生或体育骨干的帮助下，通过参与俱乐部组织的各种锻炼以及形式多样的校内外群体竞赛活动，获得体育运动的乐趣，提高运动技能，养成锻炼习惯，实现课内外一体化，拓展体育时空。形成以"热爱体育、参与体育、享受体育"为主旋律的校园体育文化。

二、我国高校实施俱乐部体育教学模式的条件

我国与外国虽然在经济基础、文化背景、人口背景等方面差异很大，但在教育理念、学校体育教学研究中所关注的热点和遇到的问题上仍有相同之处。高校体育仍是以健康教育为首要目的，教学仍是以学生为中心，培养学生的锻炼习惯和锻炼意识为目的。因此我们在学习各方先进教学经验的同时，也要充分考虑在我国特定的环境下能否适用，能否真正让学生喜欢体育课，并能掌握一两项运动

来参与课外活动，能否为以后从事终身体育打下基础，这才是高校体育课程改革的关键。

（一）经济背景

我国的国民经济保持着良好的发展势头，经济总量迈上了新的台阶。随着经济水平的提高，国家对教育投入的资金和体育经费也会增加，为体育教学俱乐部提供了经济支柱，能更好地促进高校体育课程改革。

（二）文化背景

中华传统文化博大精深，中国体育课程从思想、制度到内容、方法都潜移默化地受着传统思想的影响。体育这门课程其实是文化历史发展到一定阶段的产物，是文化的载体。中国体育课程产生于中国文化的土壤，所以它处处体现着中国文化思想的要素，它的价值取向始终没有偏离和谐全面观。要把中国文化这种特有的文化底蕴贯穿到俱乐部体育教学中，构建出属于自己的文化。

（三）自然环境

我国幅员辽阔、地形复杂多样、气候变化显著，体育活动可充分利用平原、山地、丘陵、盆地、高原等地势条件。有效地选择、创造和利用地形与地势开展体育活动，无疑会给体育活动者带来许多的健康利益和安全利益。结合俱乐部体育教学模式，南方高校夏季可以开设游泳、赛艇、龙舟、冲浪等课程，北方高校冬季可以开设冰上、雪上运动等。

（四）校园体育文化环境

校园体育文化是指校园文化中与体育文化有直接或间接关系的部分。校园体育文化是影响校园内群体参与、关注体育的一种导向性文化。它形成的动因，主要来自校园内学校体育开展的状况、学校体育发展的硬件建设、体育竞赛的水平、参与竞赛的人数、参与者的积极程度等。它能够提高学生对体育的深层次的认识、从而牵引其行动上形成体育锻炼的习惯，对学生终身体育锻炼行为的养成起到积极的促进作用。

校园体育文化建设与体育教学俱乐部有着密切的关系。校园体育文化的涵盖面广，不仅包含体育课堂教学和课外体育活动，还体现在学校任何地方，如寝室、食堂等场所开展的体育活动。校园体育文化与俱乐部体育教学模式的结合可以带动学校体育活动的开展，丰富了学生平时的文化业余生活，最重要的是对学生体育习惯及终身体育意识的养成起到了不可磨灭的作用。

第二节 俱乐部体育教学模式的构建创新

由于我国地域幅员辽阔，地区间社会发展不平衡，经济、文化、教育、体育等发展存在着较大差异，以及文化的差异造成不同地区的人对学校体育的认识和重视程度不一，场地、器材设施、师资的数量、质量以及专业特长、学校所处的位置以及气候条件等都对学校体育有一定的影响，对俱乐部体育教学模式的开展程度也存在着不同的影响。因此，针对我国国情，根据大课程观及当前公共体育课程改革的发展趋势，在原有体育教学俱乐部模式的基础上对课程模式进行了重新梳理，提出了新的发展思路，即弹性体育教学俱乐部模式。

弹性体育教学俱乐部模式吸收了俱乐部体育教学模式的优点，以"健康第一"和"终身体育"为目标，有针对性地对解决俱乐部体育教学在实施中遇到的问题，以便更好地适应体育课程改革的需要。这种课程模式是动态的，并且有个可伸缩的区间，以使俱乐部体育教学在实施中更具适应性和可操作性。

一、弹性体育教学俱乐部模式的构建

基础现实差异、教育理论和课程政策构成了弹性体育教学俱乐部模式构建的主要基础。

（一）现实差异基础

我国与国外在社会环境、经济状况、文化背景、教育条件和水平等方面存在着明显的差异性、特殊性和不平衡性。而把体育教学俱乐部放在我国这样一个幅员广阔、人口众多的环境下，各个地区的社会环境、经济状况、文化背景、教育条件和水平同样具有差异性、特殊性和不平衡性。正是这些差异性、特殊性和不平衡性对体育课程提出了不同要求。因此，弹性体育教学俱乐部模式的构建，必须在对各个地区现实的基础上进行认真研究，以切实增强体育课程对地区的适应性。我国不同地区的差异进一步导致了学校之间的差异，甚至同一地区的学校也

可能存在着差异性，这些差异主要体现在培养目标、师资构成、场地器材、教学条件和学生的体育基础上。因此，弹性体育教学俱乐部模式的构建，必须考虑到学校的差异，以增强体育课程对学校的适应性。

（二）教育理论基础

当今时代，世界各国课程改革的一个共同趋势就是谋求科学世界向生活世界回归，实现科学世界与生活世界的融合。当这种时代精神具体渗透到体育教育领域的时候，就意味着大学体育应把确立"主体教育观"作为改革的一个重要使命。"主体教育观"有两个基本内涵，首先，人是主体，教育应当尊重并提升人的主体性，培养具有主体性的人，人与人的关系是主体与主体之间的关系——交互主体的关系。教育中，教师和学生这两类主体通过交往而形成共同体，教师与学生之间自然也是交互主体的关系，通过师生持续交往而培养具主体性的人，这是教育的直接目的和内在价值。其次，教育要回归生活世界，回归了生活世界的教育在社会中具有主体地位。对此，弹性体育教学俱乐部模式应贯彻"主体教育观"理念，从课程设置、教学内容、教学模式及评价体系上体现"以人为本"，真正做到让学生成为学习的主人。

（三）课程政策基础

体育课教学应当遵循学生身心发展的规律，教学内容应当符合教学大纲的要求，符合学生年龄、性别特点和所在地区的地理、气候条件，体育课的教学形式应当灵活多样。学校要注意课程内容对促进学生健康发展的实效性，并注意与中学体育课程内容的衔接。在设计课程时要反映本学科的新进展、新成果；要以人为本，遵循大学生的身心发展规律和兴趣爱好，既要考虑主动适应学生个性发展的需要，也要考虑主动适应社会发展的需要，为学生所用，便于学生课外自学、自练；要弘扬我国民族传统体育，汲取世界优秀体育文化，体现时代性、发展性、民族性和中国特色。

二、体育教学俱乐部弹性化的含义

体育教学俱乐部弹性化是当前课程发展的新趋势，它是多种因素交互作用、协调融合的结果，是复杂的体育教育现象，需要从多个向度揭示其丰富的内涵。

（一）体育教学俱乐部的发展向度

这是从宏观上对体育教学俱乐部弹性化做出整体性的分析。体育教学俱乐部弹性化作为体育课程发展的一种运动过程，从宏观上体现了体育教学俱乐部课程模式不断完善和发展的动态过程。

（二）体育教学俱乐部的项目向度

这是从体育课程编制具体项目向度对体育教学俱乐部弹性化做出局部性的分析。

1. 体育教学俱乐部管理弹性化

体育教学俱乐部管理弹性化打破了原有体育课程模式由学校统一统筹规划的单一管理模式，促进体育教学俱乐部课程管理的灵活性，促进体育教学俱乐部课程决策的民主性，积极推进体育教学俱乐部课程的多级管理体制。

2. 体育教学俱乐部目标弹性化

大学公共体育课程应充分考虑社会发展对人才需求的多样性、地区间经济文化的差异、不同办学模式学校的特点和学生的个体差异。这些差异也决定了体育教学俱乐部的课程不能对所有地区、所有学校和所有学生提出完全相同的目标，而应综合考虑地区、学校和学生的具体差异，提出弹性课程目标。

3. 体育教学俱乐部内容弹性化

在弹性体育教学俱乐部模式下，若条件允许，不同地区的学校可根据当地的经济水平、文化背景、教育状况来选择适合当地的体育教学俱乐部课程内容；不同模式、不同层次的学校可根据本校的办学目标、教学条件、师资情况、学生身体素质等，选择相应的课程内容；学生可根据自己的兴趣、爱好选择适合自己的课程内容。

4. 体育教学俱乐部实施弹性化

体育教学俱乐部实施弹性化在一定程度上可以理解为体育教学的弹性化，即教师结合自己的专项，依据学校办学方针、场地设施条件，针对学生的具体情况，针对性地选择教学内容，创造性地设计教学活动，灵活性地处理教学过程。

5. 体育教学俱乐部评价弹性化

体育教学俱乐部评价弹性化主要包括以下几点：一是评价主体多元化，即评价的主体不再局限于教师，学生也是评价的主体，如学生的自我评价和对他人的评价；二是评价内容多样化，即评价不再唯一指向学生运动技能的掌握情况，也指向体育教学俱乐部课程本身和教师的教学,还包括学生的出勤率、学习态度、学习能力等;三是评价方式多样化,如评价学生的体育成绩时,除掌握基本运动技能以外,学生完成自编动作、进行交流讨论等都可作为学习的评价方式。

(三)体育教学俱乐部的对象向度

体育教学俱乐部模式发展是一种对象性的实践活动,对不同体育课程对象而言,体育教学俱乐部弹性化的内涵也不同。

1. 地区

对地区而言,体育教学俱乐部弹性化是指各地区结合当地经济水平、文化背景、体育教育水平,选择具有地方特色的体育项目,形成与学校传统和文化相融合的体育教学特色。

2. 学校

对学校而言,体育教学俱乐部弹性化是指根据学校的办学方针、师资情况、体育场地设施情况等来制定学校的体育课程整体目标和阶段目标,充分利用学校的人、财、物资源,开设尽可能多的运动项目,向学生展示出体育的丰富多彩和愉悦身心的魅力。

3. 教师

对教师而言,体育教学俱乐部弹性化在一定程度上等同于体育教师教学活动的创造性。如合分班授课、分层教学、分组教学或个别教授的形式照顾学生体育学习的差异;根据学生体育学习水平的层次差异,安排不同程度的体育活动;对学生进行课外辅导,以增强学生体育学习的兴趣。

4. 学生

对学生而言,体育教学俱乐部弹性化是指学生根据自己的能力、需求、兴趣、爱好及已有的知识基础来选择不同的体育课程项目,以适应自身发展的需要。

三、弹性体育教学俱乐部模式的发展思路

下面在对现状调查的基础上以及现有体育教学俱乐部模式的成功经验上,以上述理论基础为依据,本着整体、系统、综合的设计原则,从管理机制、决策机制、教学机制和具体运作方式四个方面来发展与创新高校体育教学俱乐部模式。

(一)弹性体育教学俱乐部模式的管理机制

弹性体育教学俱乐部模式意在建立一个体育活动具有一定伸缩性的管理制度。

1. 外部管理

制定管理制度涉及学校的方方面面，所以仅靠学校的体育部门去管理是不能解决众多问题和矛盾的，需要学校的各部门共同支持与配合。学校应制定《大学生体育教学俱乐部管理条例》，并使其成为管理基础。在管理条例中要明确体育教学俱乐部的管理方针，加强学校对体育教学俱乐部的宏观管理，同时要寻求校团委、体育部（室）、大学生体育运动委员会、学生工作部等部门参与到体育教学俱乐部的管理中，形成齐抓共管的局面。

对于管理体制、规则制度相对比较健全完善的高校，要强化以体育教学俱乐部的管理体制，让学生能够在俱乐部活动中得到锻炼和提高，真正实现"学生积极参与，学校尽力配合"的管理功能；在管理方面真正做到走"自我管理、自我发展、自主运作"的发展道路。对于发展相对落后的高校，还应加强学校的管理功能，因为现行体育教学俱乐部的运作起初主要由学校来推行，今后的俱乐部管理工作应该逐步放给学生，让学生进行全方位的管理，这有利于学生适应能力、管理能力、组织能力的培养，促进其综合素质的提高。

2. 内部管理

由于参加体育教学俱乐部的学生的身体素质及运动水平参差不齐，所以建立健全俱乐部内部的规章制度，加强内部管理是非常有必要的。但在具体的实施中不能完全依靠学校的管理，要具有一定的灵活性，真正让学生的主体地位在体育教学中得到发挥。但就目前而言，现在还没有一套健全、成熟的俱乐部模式教学的管理体制，各高校应按照自己对俱乐部的理解结合学校的实际情况自定适合自己的管理办法。也不宜照搬国外的管理模式，因为国外的俱乐部管理都是松散的，不符合我国的国情。对此，可以实施弹性管理，充分发挥教和学的积极性，提高教学质量。

体育教学俱乐部要建立有效的弹性内部管理机制，制定俱乐部长期有效的管理制度，在规章制度规定的范围内进行俱乐部教学、运动训练和运动竞赛。要抓好俱乐部的内部管理，可从以下三方面着手。

（1）制定切实可行的弹性管理目标

体育教学俱乐部要制定管理目标，而这个目标是由管理者和会员共同制定的。俱乐部的管理目标要与本地区和本校的实际情况相符合，与学生的实际相符合，目标应具有实用性、可操作性和合理性，同时要具体化。例如，学生会员的出勤率应该达到多少，有的大学规定，学生必须参加体育俱乐部活动并达到70%以上的出勤率，才能认定为体育课合格。

（2）加强人力资源管理

体育教学俱乐部的参与者是学生，各种措施都是围绕提高学生对体育的参与性，充分发挥学生的个性和才能，特别是学生骨干作用的发挥，给学生一个展现自我和发挥的平台，以利于俱乐部的顺利开展。如在比赛中让学生担任裁判等。

（3）完善激励和约束机制

激励的目的是培养人锐意进取，而约束则是培养人循规蹈矩。在遵循以人为本的理念下，引入竞争机制，制定科学的管理制度和措施，奖勤罚懒，奖优罚劣，可以调动学生学习的积极性。对于在不同级别的比赛中取得名次的学生，给予适当的奖励，如给予一定的物质奖励，或课时等考核可适当放宽，只要达到学校规定的考核要求即可；对于参加校队训练的学生，也可放松对其必修课时的限制。例如，某一俱乐部的某位学生参加全国大学生运动会比赛，获得前六名的成绩，其体育课成绩的基数可为90分，而对于那些参加训练但没取得名次的，其体育课成绩的基数可为75分。但对于在俱乐部活动中表现极差的学生会员，要及时地批评和教育；对于屡教不改的学生会员要给予相应的纪律处分，并做好其思想工作。

（二）弹性体育教学俱乐部模式的决策机制

1. 经费筹集

俱乐部要正常运作，必须有一定的资金作为保障。而学生作为消费群体，不能让他们来承担俱乐部运作的所有费用。为实现教学俱乐部的正常运作，根据各地区高校开展程度的情况，将弹性体育教学俱乐部经费筹措办法总结如下。

（1）政府拨款

依靠政府投资办学仍是我国体育教学俱乐部运作的最主要的方式。高校经费主要来源于国家财政收入，财政收入又与经济发展水平高度相关。因此国家和地区经济发展水平越高，就越有可能投入更多的教育经费。学校可积极寻求政府的支持，各级政府也可根据客观情况适当增加财政预算，加大对高校体育经费的投入力度。

（2）筹措体育发展基金

每年学生入学交纳一定数量的资金（根据各高校实际情况而定，成立俱乐部发展基金），各俱乐部可利用这部分经费进行日常开支，当学生毕业离校时，再将这部分资金如数地返还给学生。如新生入学时就每人交纳100元的会费作为俱乐部的周转资金，毕业时再退还给他们。如以平均每年招新生5000名计算，4年可收取活动周转资金200万元，除去学生大四毕业时退还的50万元本金外，可实际用于周转的资金为150万元。这样就大大减少了学校对体育方面的开支,同时又为俱乐部自身的发展提供了物质保障。

(3) 争取社会赞助

在俱乐部运作过程中,鼓励各俱乐部自己外出寻求赞助或参加各种比赛、表演,利用品牌效应使更多的企业投资于俱乐部的运营。同时,还可积极争取校办企业和校外企业的赞助。企业赞助为高校体育的收入开辟了生路,各俱乐部可以经常代表学校参加各种比赛,对于赞助及比赛奖励所获得的资金,一部分可以用于俱乐部的日常开支,另一部分上缴学校,成为发展基金。

(4) 获取捐赠

捐赠主要是争取校友会、个人、公司和基金会等社会各界的支持。特别是校友捐赠,许多学校的毕业生会根据自己的财力情况慷慨解囊,及时回报母校,为学校的体育事业贡献自己的力量。高校体育俱乐部接受捐赠的形式应多样化,可以是现金捐赠,也可以是实物捐赠。捐赠能够在一定程度上成为与政府投入并列的重要的经费来源,有效地缓解体育经费的紧张。

(5) 充分利用学校的场馆、器材

在周末、体育节、体育周或假期期间,可以向社会开放学校的场馆和器材,积极开拓社会市场,收取的部分费用可用来对俱乐部的场馆、器材进行维修、建设。

(6) 创办经济实体

体育教学俱乐部立足于学校,但发展较好的学校还可面向社会创办经济实体,开发体育产业。如为本校师生、员工提供体育器材、服装等,这样既能满足校内广大师生、员工的需求,又可为俱乐部的发展增加收入。

(7) 自我融资渠道

学校可合理利用体育场馆设施、体育师资力量等条件,积极兴办各类经营性健身娱乐俱乐部,承接企事业单位、社会团体的各种体育竞赛和文艺演出等活动,促进顾客市场的发展,提高自我融资能力,增加俱乐部收入。

2. 场地、器材

体育教学俱乐部模式是对场地、器材要求较高的一种课程模式,它的数量、规模和人均比例直接决定学生进行体育锻炼的情况。一些条件较好的学校,体育器材相对多而全,而体育场馆、运动器材设备相对不健全的高校,在开展比较受学生欢迎的项目,如形体、网球、羽毛球等,会因为场地、器材的不足,无法满足学生学习的需要,造成"僧多粥少"的局面,进而影响学生的体育兴趣及运动习惯的养成。

对于以上问题，应从下面两个方面着手。

一是高校应从场地器材的循环利用及可持续发展考虑，学校领导应多考虑场馆、器材建设的意义，尽可能地新建场馆和购买器材，为体育教学俱乐部的顺利开展提供条件。

二是学校应在现有条件基础上，加强对体育教学俱乐部场地、器材的建设和管理，挖掘潜力、合理安排利用，结合自身的实际情况，因地制宜，充分发挥场地、器材的作用。修建新场馆需要足够的资金和一定的时间，学校可以采用一馆多用、一场多用、一物多用的办法，尽力提高现有场馆的利用率，如篮球场既可用作排球场也可用作羽毛球场；栏架可以用来跨栏，也可以用作足球球门，还可以用作钻越的障碍等。另外，在项目选择上，可以优先选择一些对场地要求不高的项目，如毽球只要有一块空地就可以了；羽毛球只要不是有风季节，在平地便可上课。

3.教师队伍建设

体育教学俱乐部模式的弹性化，在一定程度上等同于教师教学的创造性。为了适应俱乐部体育教学的需要，必须有计划、有步骤地搞好俱乐部教师的继续教育工作，体育教师要不断地进修学习，丰富自己的教学内容和教学模式，积极利用各种信息渠道，吸取新的知识、理论，学习与体育俱乐部有关的知识，以保证体育教学俱乐部在高校的顺利实施。[①]为此，为更好地完善俱乐部的教师队伍建设，体育部门可从以下几方面着手。

（1）加强教师对体育教学俱乐部的认识

高素质的教师队伍是高校实施体育教学俱乐部的重要保证，这支队伍不仅要对体育教学俱乐部有着深刻的认识与理解，还要有强烈的敬业精神和过硬的专业技术。经过调查发现，部分体育教师对体育教学俱乐部知之甚少，有些已开展的体育俱乐部本质上仍是传统的体育课程模式，只是换了一个名称罢了，这显然阻碍了高校体育教学改革的进程。可以通过对体育教师的职后培训，提高他们对体育教学俱乐部的了解、认识，转变其教学思想和理念，顺应时代的发展和学生的体育需求。可见，体育教学俱乐部对教师提出的要求越来越高，体育教师要一专多能，不但要对自己最擅长的运动项目颇有研究，还要掌握专项外两个以上的项目，从而满足学校体育教学和学生课外体育锻炼的需要。

（2）完善师资配置

体育教学俱乐部在引进人才的过程中一定要注意数量和质量的有效结合，在

---

① 任婷婷.高校体育教学管理改革与模式构建［M］.长春：吉林大学出版社，2017.

年龄结构、职称结构、学位结构、专业结构都要有较为合理的构成，使俱乐部的教师在数量和质量上能满足教学的需要，具备体育教学俱乐部任教的资格。但从实际调查情况来看，教师的年龄、学历、职称、专业等都存在着不平衡。

因此，各高校应根据自己学校的实际情况，不断地完善体育师资配置，特别要重视对在职人员的考核，引入竞争机制，实行动态管理。同时，为满足学校各项体育工作的需要，体育教师的师资一般应形成梯次、互补、实用型的复合结构。

①体育教师的数量要满足体育教学俱乐部课程教学的需要。体育教学俱乐部课程教学不仅仅是课堂教学，还包括学生的课外体育锻炼、运动训练和运动竞赛。特别是业余训练要由专门从事该项活动的体育教练来担任。在课堂教学师资的配备上，一位高校体育教师上课课时一般在每周 12 节课左右为宜。

在课外体育锻炼和运动竞赛的配备上，可充分利用体育课堂教学的教师资源，督促这些体育教师担任业余指导。

在运动训练教师的配备上，一般一个学校有 3～5 个训练队，配备教练时，田径和游泳项目的教练通常要 4 人左右，其他项目 1～2 人。一个训练队每周训练 3～6 次，每次 2 个课时。按此计算，一个学校训练队的教练员配备应该在 6～10 人。按以上结果计算，在校学生 10000 人，体育教师应该维持在 35～45 人。考虑到学校实际，若在编人员不会那么充足，还可以外聘教师来满足体育教学和运动训练的需要。这部分外聘的教师可以是退休的专业教练、优秀运动员、外校的体验教师。

②体育教师的结构要满足体育教学俱乐部课程教学的需要。在年龄结构中，教师队伍中应有老、中、青人群，年龄成梯队层次。青年教师可以凭借年轻力壮有闯劲，多做事、多实践；中老年教师凭借阅历丰富，可多向年轻教师传授教学经验，指导他们工作。在学历结构中，硕士及以上学位的体育教师数量应适当增多。在项目结构中，教师队伍应掌握多个体育项目。如传统体育项目武术、篮球、排球、乒乓球、足球、田径等，时尚体育项目健美操、体育舞蹈、健身运动、网球、跆拳道、防身术等，新兴体育项目定向越野、户外运动、蹦极、攀岩等。在知识结构中，可聘请不同院校毕业的教师，使其知识结构呈互补型。各个体育大学或体育学院，由于培养方向不同、课程设置不同、学习背景不同、教学模式各异，在知识结构上也有差异。同一学科来自不同院校的毕业生也能带来不同的信息，可以优势互补，各取所长，相得益彰。在职称结构中，教师队伍中应具有助教、讲师、副教授、教授等多种职称人才，并搭配合理。在性别结构上，教师队伍的性别比例应与上课学生性别比例基本相等。

(3)强化教师的职后教育

强化教师的职后教育,是快速提高师资队伍整体素质的有效途径。在实行体育教学俱乐部的过程中,应使教师不断地学习、进修,不断地提高自身的业务水平(包括课堂教学能力、组织活动能力、业余训练能力、科研能力等),逐步提高其学历水平,从而提高俱乐部教师的整体水平,以更好地促进体育教学俱乐部的发展。对教师的培训工作,无论从时间安排还是资金扶持方面均应给予实质上的帮助。同时,也应从制度上使教师们在业务上求新求变,不断进取。

①体育教学俱乐部教师的职后教育的形式。岗前培训、研究生学历补偿教育、高级研修班、高级研讨班、高级访问学者等都可以成为体育教学俱乐部教师培训的主要形式。

②体育教学俱乐部教师职后教育的方法。学校要健全落实教师继续教育制度,对于俱乐部教师职后教育的方法主要有四种。一是在职培训,可以通过参加各种俱乐部进修班、短训班,参加俱乐部岗前培训、助教班,参加高级研讨班、中青年学科带头人研修班,申请国内外高级访问学者等来实现。二是脱产进修培训,送教师到高校攻读硕士或博士学位,提高学历层次。三是加强对中青年教师进行教学业务指导,以老带新,组织青年教师参加岗前培训和业务水平。四是个人自修学习。教师可在工作中选定体育科学研究方向进行定向研究。这是体育教师自修学习的一种方式。

加强对年轻教师的培训力度,努力挖掘年轻教师的教学与科研潜力,新教师进来后,即着手进行培养,指定富有经验的老教师帮助其尽快适应工作环境,熟悉工作特点,过好教学关,从备课能力、专项技能、授课技巧等方面予以培养。在有经验教师的带动和鼓励下,让年轻教师在不断发展的高校体育事业中积累经验,逐渐成长并成熟,使之在教学与科研上逐步起到主导作用。对于他们做出的成绩要及时地给予肯定,实行鼓励政策。[①]

(三)弹性体育教学俱乐部的教学机制

1.指导思想

(1)宏观指导思想

要遵循体育学科自身的特点和大学生身心发展规律,突出素质教育,以学生的健康发展为中心,以体育教学和群体活动为基础,全面推进学校学生体育工作。

---

① 戴信言.高校体育教学多种模式的探索[M].北京:中国原子能出版社,2016.

因此，体育教学俱乐部将确立全面育人、健康第一、终身体育和身心协调发展的指导思想，追求体育教育的综合性和终身性。

（2）具体指导思想

大学体育课程应包括体育课堂教学、课外体育活动和校园体育文化氛围三部分，将大学体育教育延伸到高等教育的全过程，要将体育课堂教学显性课程与课外体育隐性课程作为整体来考虑。以体育教学俱乐部为中心和主线，鼓励学生参加体育活动，在体育实践中增强体质，掌握1～2项运动技能，体验运动的乐趣，培养自我锻炼的能力，养成锻炼的习惯，为终身体育打下良好的基础。

2.目标体系

（1）课程总目标

高校应结合自身的实际情况，确定体育教学俱乐部的基本目标和发展目标。弹性体育教学俱乐部的目标有"弹性区间"，这既是顾及地区间经济水平、教育水平，不同学校培养目标、师资力量和教学设备的区别，以及学生在体育知识、技能、身体素质上存在的差异，也是考虑到期望目标与实际结果之间可能出现的差异。基本目标是根据大多数学生的基本要求而确定的，反映了体育目标的强制性；而发展目标则是针对部分学有所长和学有余力的学生确定的，体现了课程目标的自由度。

针对学生的基本目标具体表述如下。

①运动参与目标。积极参与各种体育活动，每周2～3次，基本形成自觉锻炼的习惯和终身体育意识，能够编制可行的个人锻炼计划，具有一定的体育文化欣赏能力。

②运动技能目标。熟练掌握一到两项健身运动的基本方法和技能，形成专项运动特长；能科学地进行体育锻炼，提高自己的运动能力；能简单处置常见的运动损伤。

③身体健康目标。能简单测试和评价体质健康各项指标，掌握有效的锻炼方法；养成健康习惯；合理选择营养食物；具有健康的体魄。

④心理健康目标。自觉通过体育活动改善心理状况，形成健全的人格，养成积极乐观的生活态度；运用适宜的方法调节自己的情绪；体验运动的乐趣。

⑤社会适应目标。表现出良好的体育道德和合作精神；具备适应各类竞争的能力以及适应自我身心变化的能力。

（2）发展目标

发展目标是针对部分学有所长和学有余力的学生而确定的，也可作为大多数学生的努力目标，一般分为五个领域的目标。

①运动参与目标。形成主动锻炼习惯；能独立制定适合自身的健身运动处方；具有较高的体育文化素养。

②运动技能目标。科学主动地提高运动技术水平，在某个运动项目上达到或相当于国家等级运动员水平；能够进行该项运动的竞赛组织工作；能参加富有挑战性的野外活动。

③身体健康目标。能选择适宜运动的环境，全面发展体能；掌握评价自身健康状况的方法和手段，并能有针对性地进行自我监督。

④心理健康目标。在具有挑战性的运动环境中表现出勇敢顽强的意志品质，掌握评价自我心理状况的方法和手段，并能进行有针对性的调整和养护。

⑤社会适应目标。形成良好的行为习惯，主动关心他人；能够根据不同的环境变化及时地进行自我调整，以维护身心健康。

（3）阶段目标

体育教学的最终目标是"教，是为了不教"。大学体育中无论是体育教学还是课外体育活动，学生都经历从不能独立到逐步独立再到完全独立的过程，年级越高，学生独立进行体育活动的能力越强，而教师的作用则在慢慢地弱化。体育教学俱乐部的阶段目标应该包括近期目标和长远目标两个方面，即掌握运动技能，培养体育态度和习惯，强化终身体育意识。即学生要完成"要我健身"—"我要健身"—"我会健身"过程的转变。

3.教学大纲

教学大纲的弹性化，是指各实施体育教学俱乐部的普通高校在全国统一教学大纲的指导下，结合学校的培养方向、学生和学校的发展需求以及学校的具体条件和实际特点，如学校情况、学生情况、体育教学条件（包括场地、设备、器材等物资环境）、校园文化背景、体育氛围以及学生的生源背景（包括学生来源和不同学生的职业准备等特点）每个项目设置高级、中级、初级三个级别，编制每个级别的教学大纲。另外，还要充分认识高校体育与中学体育的衔接问题，以及为学生终身体育打基础这一实际需要等问题。

4.教学内容

教学内容弹性化，是指不同地区可根据当地的经济水平、文化背景、教育状况选择适合当地的体育课程内容，不同模式、办学层次的学校可根据本校的办学方针、教学设备条件、师资情况、学生特点等建立适合本校发展的体育课程内容体系。可以在原来"三自主"的选课模式上，实行"适度弹性选授课"制度，即教师可以根据学生的实际需求，在不违背教学指导纲要原则的前提下，只要能完成规定的教学任务，只要场地器材条件允许，穿插安排一些学生喜闻乐见、乐于参与的趣味性活动，给教师和学生一定的选择和教授的自主权。

在今后的俱乐部教学中，体育教学内容应从"以运动技术为中心"向"以体育方法、体育动机、体育经验为中心"转移，建立围绕以人为本、淡化竞技、注重健身、增强体育意识、发展学生个性、培养体育能力、养成锻炼习惯为中心的新的内容体系。其具体的教学内容将根据社会的发展、学生个体的需要及学校的教学条件进行大幅调整，竞技运动教材化，改进非竞技运动项目，充实和丰富有关趣味性、娱乐性、健身性、健康性、集体性教材的比重和基础知识的教学内容。学校可多选择学生感兴趣的、有利于今后能自我进行锻炼的、对终身增强体质有实用价值的、易于开展的项目，如健身气功、太极拳、长拳、健美操、体育舞蹈、羽毛球、乒乓球、篮球、排球、足球等。另外，课外除开设与课内教学有关的项目外，还可以选择一些休闲类、娱乐类的项目，作为课内体育的拓展，如定向越野、野外生存训练等。适当加大民族传统体育项目和学校传统体育的比重，以利于提高学生的体育文化素养，继承和弘扬中华民族的传统文化。

5.教学组织形式

教学组织形式的弹性化，在于它能够根据学生的水平、差异等特点来安排体育教学。教学组织形式的合理运用，既有助于大幅提高教学质量，也有利于学生个性和情感的培养。

（1）打破年级班组问题

对于体育教学俱乐部的课堂教学组织形式，学术界也是争论不一，大部分专家比较倾向于分年级上课。不同年级的学生在身体、心理方面都有一定的差别，如果打破年级班组上课，教师安排教学内容和运用教学模式时会有一定的困难。另外，教师的能力和上课时间有限，教师不可能对每个学生的指导都面面俱到，对教学质量会造成一定程度的影响。不过不分年级进行教学也有很多的优越性，由于身体、心理和接受知识的能力不同，学习动作相对快一些的高年级同学，自然就会起到表率的作用，可以帮助低年级中学习动作相对较慢的学生，有利于教师培养体育骨干。当然，低年级同学为了弥补差距，也会努力提高自身素质，形成一种互帮互学的学习氛围。

（2）男女生合分班问题

关于男女生合班还是分班上课的问题，学术界仍在争论，各有各的说法。男女生合班与分班各有利弊，就合班而言，从社会学角度看还是利大于弊，使得体育教学更加人性化。不同的运动项目具有不同的特点，有些项目适宜采取男女合班上课，如体育舞蹈（本来就是男女搭配进行的项目）、野外生存等，通过男女生之间的交往，调动他们的主观能动性，再加上教师的合理组织与安排，教学效果比较明显。有些要考虑性别差异、体质强弱的项目，则应该采取男女分班上课，如球类项目、田径等。对于这些技术性、身体素质要求较高的项目而言，教师不用因体质强弱差异而必须花费更多的时间来照顾女生，否则会影响男生学习的积极性。因此，采取合班上课还是分班上课，要根据各高校的实际情况和运动项目的特点来实行。

（3）分层教学问题

由于遗传因素、家庭条件及社会环境等因素的影响，学生在发展过程中存在着不同的生理、心理及个体差异，这种差异性是客观存在的。分层教学意在引导学生选择适合本人特点的课程，进一步在体育课程中实现因材施教，进而提高课程的实际效果。

所谓分层教学是指根据学生的认知能力和掌握能力，教师在安排课堂教学内容，运用教学手段、教学模式时根据学生实际学习的可能性，分层讲授、分层指导、分层评价，使每个学生都能在原有的基础上得到完善和提高。这样可以使学生在不同层次中求发展，使全体学生都能在原有的基础上，充分发挥自己的潜能而达到最大的发展。

各高校体育教学俱乐部应根据自己的实际情况适时地采用分层教学。其具体操作可按以下方式进行：各教学俱乐部课程分为高级班、中级班、初级班三个层次。高级班目标高，要求高，内容多，进度快。这一层次主要针对有一定体育实践能力和身体素质好的学生。中级班目标适当，内容适中。这一层次主要针对有一定体育基础，身体素质较好的学生。初级班进度慢，重基础，多重复，常反馈。这一层次主要针对体育基础差的学生。每一级教学层次都有相应的教学大纲、教学要求和教师自己特定的课堂教学模式。在教学内容上，三个层次之间不应是相关知识的简单拼凑，而是根据不同层次学生运动水平的要求，设计出不同层次的教学目标与要求。在具体实施的过程中可采用升降级制，如果学生在该层次上已经达到了要求，可随时到更高级别的俱乐部进行学习，但如果学生在该级别上学习越来越困难，则将其退到低一级的层次上，这样教师在组织教学时，就可以从内容和要求水准方面有所区分，从而引导和激励学生在原有的水平上有更大程度的提高。

6.评价体系

我国大多数高校受传统教学模式的影响,多注重在校期间学生的运动技术的掌握和达标情况,而忽视了学生体育锻炼习惯的养成和能力的培养,多注重课程的显性评价,忽略了课程的隐性评价。原有的教学评价方法没有充分体现学生的努力程度和进步幅度等因素。因此,要想避免传统课程评价标准的弊端,就要针对不同地区、不同学校、不同评价对象的特殊情况,确立不同的发展目标和评价标准,使课程评价标准弹性化,成绩考评标准全面化,既要客观准确体现学生的个体差异,又能反映学生通过体育课学习所取得的进步。

在俱乐部的教学评价指标上建议实行绝对评价指标和弹性评价指标相结合的评分方法。对学习效果进行绝对评价,要求标准要制定得比较客观,能够反映学习效果与客观标准直接的差距。弹性评价指标是指以考试内容要求、标准为基点,根据学生的个体差异,就某个项目的起点等进行成绩进步幅度的评价。弹性评价指标能反映出学生的个体差异、个人的努力程度及进步状况。

在俱乐部教学的评价方法上,应该重视原有基础与学习过程,采用多维评价。建立标准评价模式和参照评价模式的评价指标体系进行多维评价,能够反映学生体育学习过程和结果。在掌握基本运动技能的基础上,适当增加学生出勤率、学习态度、学习能力及自评、同学互评等内容。各高校可根据本校的实际情况弹性地安排各个指标所占的比例。针对在高级俱乐部学习的学生,相当于校级代表队,还可以可采用"以赛代教"考核模式。如以参加俱乐部联赛的形式进行考核,其成绩评分标准是俱乐部联赛成绩的50%。由于采用比赛的模式进行评价,所以实践部分就可以不进行技术考核,采用学生自评、学生间互评各占20%和教师评价占30%的综合评价体系。

(四)弹性体育教学俱乐部模式具体运作方式

1.弹性体育教学俱乐部模式的教学与辅导

(1)项目设置

体育课程项目的设置应从学生身心特点出发,强调课程内容的多样性和弹性化,加大教材选择的余地,加强体育教学内容与社会和生活的紧密联系,灵活性要强。同时应注重体育课程内容的乡土化和民族化,地方性和民族性的体育项目在体育教学内容中应占有一定的比例。项目设置应以学生对体育锻炼的需要而编制,要力求贴近学生未来的职业生活,以适应社会发展的需要。其体系应从健身、娱乐休闲等角度加以考虑,多选择一些难度小、易开展、趣味性强、融健康娱乐休闲于一身的项目。大学体育理论课程的设置要与大学生心理特点、知识结构和智能发展相适应,应注重向学生传授人体科学、人体保健、康复知识、体育欣赏、体育心理、运动处方设计、运动锻炼效果的评价及运动医务监督等内容。在项目设置方面,各普通高校可根据本校的师资力量和场馆、器材的实际状况来进行弹性的安排。

(2)实践课上课形式

体育教学俱乐部是以学生自己练习为主,以教师指导为辅的教学形式,教师由原来的传授者变成了组织者和辅导者。教学的基本形式有:教师依据学期教学计划,根据学生的实际情况,制订以"教学模块"为单元的教学计划,灵活地实施教学进程。一般地,学生除必须参加体育课的辅导学习外,每周还应至少参加俱乐部活动1~2次。在教学过程中教师应采取集中教学、分组教学以及个别辅导相结合的教学形式,并可采用以赛代练、以赛促练的方式进行,以不断提高和巩固学生对该项目的兴趣,促进他们对运动技术和技能掌握,实现课内外一体化。教学的基本组织形式由各个学校根据本校的实际情况来定。

(3)理论课上课形式

在传统的理论课的上课形式上,大学体育理论教学多采用"教师满堂灌,学生被动听"的课堂教授形式,这样就压抑了学生的学习热情,调动不了学生学习体育科学知识的积极性和主动性。因此,要重视体育理论教育,突出对学生终身受益的体育科学知识的传授和体育锻炼意识的培养,注重理论与实践相结合。建议开设与专项相关的讲座课;在校园体育网页中开辟体育理论教学专栏,充分利用现代教学手段,实现体育网络教学。在网站中设置各运动项目的技战术视频和高水平比赛视频,以利于学生根据爱好和需要选择收看,培养学生的体育欣赏能力和审美能力。同时,注重学生自学能力的提高,让学生通过查阅资料(报纸、杂志、网络及体育教材和参考书)自学。通过对学生体育锻炼兴趣的培养,让他们积极主动地参加体育锻炼,提高学习效果。

2. 弹性化课外体育锻炼管理

将弹性管理这一管理方式运用在课外体育锻炼中去,使学生在统一要求下,有更多的空间进行选择和管理,更好地发挥课外体育锻炼的实效性。高校课外体育的开展就是满足学生对体育的多方面的需求,它是体育教学俱乐部的补充和延伸,是体育教学俱乐部的重要组成部分。但我国大部分学校体育都存在着课内外脱节、教与学分离的现象。通过对学生业余时间的调查,大部分学生把业余时间花在了上网、睡觉、娱乐上,很少学生用在体育锻炼上,体育意识十分淡薄。如何将学生们组织起来参与课外体育锻炼？经过查阅资料，结合我国各地区高校的实际情况，尝试性地就课外体育活动形式问题做如下探讨。

（1）课外体育活动开展方式

课外体育俱乐部是课堂教学的延续，要想真正提高体育教学质量和学生的身体素质，仅仅抓好课堂教学是远远不够的。根据体育课内外相结合的原则，组织课外体育活动开设与课内体育教学俱乐部相对应的各单项体育俱乐部，体育俱乐部教练必须由专职体育教师担任，除正常教学课外，还要抽出一定的时间对课外俱乐部进行弹性辅导（每周固定时间进行2～3次有专项教师对俱乐部活动进行弹性辅导）。

（2）课外体育锻炼课程的内容

课外锻炼内容包括自主性锻炼、单项俱乐部、体育竞赛三个部分，在自主性锻炼中学生的选择空间极大，完全根据自身的现状来自主选择与调整进行课外体育锻炼的时间与活动内容；各单项俱乐部是体育课堂内容的延伸，根据学生课堂上所选的项目，课下通过选择相应的俱乐部来实现；体育竞赛可在不同时期安排各种体育竞赛活动。

3.课外体育锻炼课程的评价

对学生参加课外体育锻炼课程的评价，是将学生参加课外体育活动的次数和活动的时间作为评价依据。学生可自主选择上述各种形式的活动，参加活动的形式不限，但次数可以累计计算，且每天只计算1次，每次需在30分钟以上。要求学生在有体育课的学期至少完成36次课外体育锻炼，无体育课的学期至少完成72次课外体育锻炼，并将锻炼次数与体育学分的获得和学生评优、获奖等密切联系。另外，学生参加课外体育活动的自由是有一定限制的自由，即学生可以自主进行课外体育活动锻炼，但是必须保证一周内除体育教学外，参加俱乐部教学相关的课外体育俱乐部至少1次，每次不少于60分钟。参加课外体育活动的次数的限定是体育课成绩的一部分，为了有效控制学生的锻炼情况，可以采取锻炼卡的形式，学生在每次课外体育锻炼之前刷一次卡，锻炼结束时再刷一次卡，卡上就会自动记录学生参加课外体育活动的日期和运动时间（30分钟以内记录成绩为零，30分钟以上才可以记录成绩）。学期末锻炼卡上交体育部，用计算机进行统计并计入体育课总成绩中。学生学期体育成绩因课外体育锻炼未达标而不合格者，该生可以在下一学期补上课外体育锻炼的时间，但补上的锻炼时间不计为该学期的体育成绩。对于下学期补的锻炼时间可适当地减少，也可以通过体育训练、竞赛来实现。如参加比赛，那么可以拿比赛前的训练来抵消课外锻炼的时间和次数限制。对于课外体育锻炼的方式还可以通过辅导员负责制来实现。在辅导员的带领与监督下，保证了锻炼次数，当然锻炼时间也会增多，学生锻炼的习惯也会慢慢地养成。这样就充分发挥了体育教学俱乐部的功能和作用，保证学生能够真正做到4年体育锻炼不断线。

第十章
多媒体网络体育教学模式在高校体育教学中的实践与创新

第一节 高校体育教学中多媒体技术的应用

一、多媒体教学技术的特征

（一）多维性

多媒体技术的多维性特征主要指的是多媒体教学技术所拥有的对信息范围进行处理的扩展与扩大空间的能力，而此种多维性职能能够变换、加工、创作输入的信息，使其输出信息的表现能力得到增加、显示效果得到丰富。例如，在高校体育教学开展的过程中，利用多媒体系统进行辅助教学，不仅能够保证学生对文本知识的学习，还能使其在多媒体技术的支持下清楚地观察、了解体育教师的动作演示，使教学效果得到加强。

（二）集成性

多媒体技术的集成性特征主要指的是多媒体技术能够将不同类别的多种媒体信息有机地进行同步组合，如声音、文字、图像等，进而促进多媒体信息的完整性。此外，集成性还存在另外一层含义，指的是对这些多媒体信息进行处理的工具或者设备的集成，包含视频设备、储存系统、音响设备、计算机系统等，总而言之,指的是在多种设备上将多种媒体紧密地进行关联,使文字、声音、图片与视频的处理实现一体化。

(三)交互性

多媒体教学技术的交互性特征主要指的是人和人之间、人和机器之间、机器和机器之间的交互活动,是人和机器进行对话的能力,即使用者同机器之间进行沟通的能力。这也是多媒体计算机系统不同于传统音响、电视机等家电设备的地方。根据实际的需要,人们不仅能够选择、控制、检索多媒体系统,还能播放多媒体信息与组织编排多媒体节目。

(四)数字化

多媒体教学技术的数字化特征主要是指在多媒体计算机系统中,各种各样的媒体信息都是以数字的形式在计算机中存放与处理。多媒体技术是在数字化处理的前提下被建立的,例如,以矢量方式储存与处理的图形、以点阵方式储存与处理的图像、以数字编码方式储存与处理的音频和视频。在数字化技术发展的背景下,多媒体教学技术得到了广泛的传播与发展。

除了上述四种主要特征,多媒体教学技术还有其他一些特征,如实时性、分布性与综合性等。所谓实时性特征,主要指的是对于同时间相关的声音与视频信号等的处理,还有人机的交互显示、操作与检索等操作都存在实时完成的要求。所谓分布性特征,主要指的是基于多媒体数据多样性的存在,在不同的时间与空间都会存在它的素材,并且在不同的领域中,它也得到了广泛应用。[1]多媒体计算机系统还存在比较明显的综合性,它不仅能够综合集成各种媒体设备,同时还能够综合集成各种信息,使它们成为整体。

二、多媒体在高校体育教学中的应用优势

(一)多媒体技术使高校体育教学观念得到了更新

高校体育教学的传统教学模式是以教师的"教"为重心,在高校体育教学中应用多媒体技术,能够使此种传统高校体育教学模式发生改变。体育教师授课时,利用现代化的多媒体教学手段和人机交互活动与学生间开展交流活动,使学生的

---

[1] 刘真真,韩伟.多媒体技术在体育教学中的应用[M].延吉:延边大学出版社,2019.

体育参与意识得到激发,将体育多媒体教学的教学思想进行展现,形成了以学生的"学"为中心的教学观念。这都能够极大地促进高校体育教学方法的实践性与多样性变革,改变学生体育知识与体育技能的学习思路与方式。

(二)多媒体技术使高校体育教学的质量得到提高

在传统的体育理论课教学中,教师主要的教学方式是以讲授为主,以挂图等展示方式为辅;在实践课中则需要体育教师进行讲解与示范。但在主观条件与客观条件的约束下,很难做到完全规范、标准的技术动作示范,在较短的时间内,学生也很难形成正确的动作概念,这样的教学效果可想而知。

新媒体技术的实施使得上述状况得到改变,在声音、文字与图像的辅助下,体育课程的抽象概念得以具体化、形象化,通过计算机,还能够模拟演示难度较高的体育技术动作。而在对速度较快、结构复杂的技术动作进行讲解与示范的过程中,取得的效果则将会更加明显。在多媒体技术的支持下,通过慢动作使学生对这一系列动作进行清晰的感知,促进相关体育概念的形成与动作要领的掌握,方便其进行模仿与尝试,使得高校体育教学的效率与效果得到极大提高。

(三)多媒体技术使学生的体育学习效果得到提高

多媒体技术能够使人的视觉、听觉等多种感官系统得到刺激,促进大脑不同功能区域交替活动的开展,促进体育学习内容生动化、形象化的发展,增强高校体育教学活动的趣味性与直观性,方便学生对体育技术动作的理解。多媒体技术对字体、色彩、图表、音乐和动画等多种表现手段进行了综合利用,实现了"声图并茂""有声有色",使得高校体育教学内容的艺术表现力与强烈感染力得到增强、课堂氛围得到活跃,特别是多媒体教学资料中对肢体和谐美、力量美与技艺美的体现,使学生对体育的功效与个性的社会价值取得真正的认识,使他们的求知欲与体育学习的热情得到激发,进而使学生的体育学习兴趣与体育课堂教学的质量得到有效提高。

第二节 高校体育教学中微课的应用

一、微课概述

(一)微课的概念

所谓微课,主要是指以视频的方式把教师在课堂内外教学活动开展过程中传授的教学环节或者强调的主要知识难点与重点进行展示的一种新型的教学模式。微课作为一种全新的教学模式,能够使学生的碎片化学习活动随时随地地展开。

(二)微课的组成

对于微课而言,其组成内容的核心就是示例片段,也就是课堂教学视频。不仅如此,也有同某个教学主题相对应的辅助性教学资源,如素材课件、教学设计、练习测试、教师点评、教学反思和学生反馈等。在一定的呈现方式和组织关系下,它们共同营造了资源单元应用的"小环境"。而这里所说的资源单元具有的显著特征是主题式的半结构化单元资源,因此,微课同传统单一资源类型的教学资源之间是有一定的差异存在的,主要表现在教学设计、教学课例、教学课件与教学反思等方面。同时,微课与上述的这些教学资源之间也存在一定的联系,即微课作为一种新型的教学资源,其发展基础仍是上述的这些教学资源。

(三)微课的特点

1. 碎片化

微课视频一般只有 10 分钟左右时长,在这 10 分钟内,教师将课程教学过程通过清晰的视频录制的方式进行呈现。一节传统课堂的教学时间是 45 分钟,而原有的段状课程在微课的形式下,逐渐向点状课程转变,课程内容变得更加精练和细致,因此,学生除了课堂的教学时间以外,还可以利用课外其他零散时间,如在排队等待就餐的时候进行学习。所以,微课的显著特点之一就是碎片化。

2.重点突出

微课碎片化的特点,对教师的教学能力也提出了更高的要求。因为在微课视频10分钟的展示时间内,教师不仅要将严谨的逻辑性进行体现,还要将课程内容的重点与亮点凸显出来,真正抓住学习重点所在,才能够使学生的学习兴趣得到更好的激发。

3.较强的师生交互性

微课作为一种新颖的教学形式,它的出现在满足学生知识渴求与猎奇心理的同时,还能够有效改善传统教学模式中教学内容单方面输出的情况。在微课教学过程中,教师与学生之间的互动得到加强,教师不仅能及时收集学生课程学习的兴趣点,同时,对于学生存在的疑问,也能够及时进行回答。这无疑会为教师后期课程的设计提供便利条件,使其能够同学生的学习与反馈实现同步,进一步提升课程的教学效果。

4.教学资源能够反复多次使用

在微课的模式下,学生能够按照自身的实际需要,随时随地展开体育学习活动,改善学习效果。例如,在课程开始之前,学生可以通过微课来预习运动技能,课后则可以巩固难点和重点、练习课上学习的动作,等等。此外,微课教学模式的使用还可以使学生课程学习的积极性得到增强。

二、微课在高校体育教学中的应用

（一）应用在学生体育需求调研中

在制作体育微课前,教师应先按照课程逻辑将体育教学内容中的难点与重点提取出来,同时,结合现阶段体育栏目与体育热点新闻,对体育微课进行制作,之后再将已经制作完毕的体育微课利用移动互联网的各种渠道实施学校范围内的广泛传播,然后通过对微课中学生的点击率与帖子评论内容的考察,评定体育课程内容的合理性,以此保证体育教师更加深入地了解学生的兴趣与期待。[1]此外,在前期对体育微课进行传播,能够有效地调动学生体育学习的积极性,使学生更加期待即将要学习的新内容,进而提升学生的体育参与度。

---

[1] 付晓东,荆俊红.多媒体技术理论及其应用[M].北京:九州出版社,2018.

（二）应用在体育课程设计中

体育微课不仅补充了传统的高校体育教学模式，使得原本的体育课程设计得到了重新定义，也是多媒体时代下高校体育教学发展的必然结果。例如在设计室内理论课的时候，可以以教师和学生的交流为主，呈现出更加公平、更加自由的体育课程，并进一步更新体育教师的教学思维，使学生体育学习的热情得到提升。

（三）应用在体育课程教学中

一方面，体育教师可以根据新课内容和时事体育热点等将设计新颖的新课导入微课，在课上给学生观看，目的是吸引学生的注意力，使学生的学习兴趣得到激发；另一方面，对于体育教学中复杂的教学动作，教师可将其制作成微课，在上课过程中对学生进行重复播放，使得体育教学过程更生动、更直观、更形象、更具体。

（四）应用在体育课后辅导中

传统的体育课堂教学的时间是 45 分钟，一堂课的时间虽然使教师能够面面俱到地讲授内容，但想要实现精细化教学几乎是不可能的，所以难免存在一部分学生不能与教学节奏同步或者是学生不能对其所学运动技能充分掌握的情况。所以，当体育课堂教学结束以后，教师可以将包含有教学重点的微课视频向学生发放，以便于学生能够在课堂结束以后，对于已经学习的技术动作进行练习，对课堂上所学内容进行复习，切实保证温故知新，提升学生的学习效果。

（五）应用在体育课程分享中

从本质上来讲，分享也是一种学习的方式。学生在朋友圈中分享一些好的视频课程，对身边的朋友、同学进行感染，使学习圈子得到扩大。对此，学校应该积极构建这种倡导分享精神的体育学习共同体，并保证学习共同体成员间能够互相督促，对有用的体育学习信息进行分享。例如，将微课应用在体育舞蹈教学中，学生可以对已经学习到的且比较感兴趣的体育舞蹈课进行分享，使越来越多热爱体育舞蹈的学生能够及时地对学习资源进行获取、分享。同时，还可以组织校园内其他兴趣一致的学生，安排大家一起学习体育舞蹈微课，不仅可以促进体育舞蹈社团的发展，还能丰富学生的课外生活。

第三节　高校体育教学中慕课的应用

一、慕课概述

（一）慕课的概念

慕课是一种通过某一个共同的主题或者话题，将分布在世界各地的学习者与授课者联系在一起的教学模式。

慕课大多以话题研讨的方式进行，并且只会将一种大体的时间表提供给授课者与学习者。一般来讲，慕课课程不会对学习者有特殊的要求，进行说明的内容也比较简单。

（二）慕课的特点

1. 规模比较大

所谓规模比较大指的是慕课多是大规模课程，而不是以个人名义发布的一两门课程。

2. 开放的课程

所谓开放的课程，是指慕课开设的课程对上课的时间、地点和学习者没有要求，只要学习者具备网络和终端设备、遵守授课协议即可在线学习。

3. 网络课程

慕课相关的课程都是在互联网上传播的，不管学生处在什么地方，也不需要花费太多的金钱，只要有网络连接与终端设备，就能够进行学习。

二、慕课在高校体育教学中的应用

（一）高校体育教学中慕课的应用价值分析

慕课自引入我国以来，已经经过了一段时间，也有许多的学校开始了尝试，然而，慕课在高校体育教学方面的应用仍较少。实际上，慕课的教学方式在高校体育教学方面也是非常适用的。

首先，现代发达的网络使得慕课的应用有很好的现实基础。人们在浏览网络信息的同时还能进行学习，一举多得。

其次，在高校体育教学中应用慕课的教学方式，不仅能够保证学生深入学习活动的开展，还有利于学生自己掌握学习进度。同时，由于慕课中存在的学习资源是非常丰富的，有利于学生寻找到适宜自己的运动方式。

最后，在高校体育教学中应用慕课的方式，可以让学生在体育运动锻炼的过程中参考标准的动作完成体育锻炼。在这样的情况下，就像有一个专业的私人教练陪在自己身边，可以随时对体育锻炼活动进行正确的指导。

（二）慕课应用在高校体育教学中的未来发展

慕课的教学方式来源于国外，在我国仍处于起步阶段，而且有一些内容对于我国高校而言是不适用的，必须进行一定时间的磨合才能够同我国的教学理念相适应。

基于这样的现实情况，我国大部分高校多是按照自己学校的特点自行录制慕课视频。在录制慕课视频的时候，可以是多个学校的教师共同参与录制、讨论，然后在对多个优秀的视频进行选择后，上传到网上，方便学生们进行观看、下载和学习。由于不同的教师在讲课的风格与方式上会存在不同，而录制的慕课中包含多个教师的教学课程，那么学生就能够选择最适合自己的教师。此外，这种方式可以避免大课参与人数过多而无法集中精力听课的情况。将慕课应用在高校体育教学中，能够使小班教学的目的得以实现。同时，同一学科由多个教师进行录制，能够加强比较与竞争的形成，能够帮助教师对于自己的教学缺点更加仔细地观察，使高校体育教学质量得到提高。因为慕课在高校体育教学中的应用主要以网上教学为主，所谓监督制度是不存在的，因此，要求学生拥有较强的自主学习能力。在高校体育教学考核的问题上，计算机考核的方式可以不再使用，体育教师组织学生开展网络学习以后，再安排传统方式的考试即可。

尽管我国对于慕课的应用还处于发展阶段，但在现代网络发展的背景下，慕课的应用将是一种必然趋势。将慕课应用在高校体育教学中，能够给教师未来教学的开展带来一定的启示。但需要注意的是，在使用慕课方式开展高校体育教学的时候，还应该同国内的高校体育教学情况相结合。

第四节　高校体育教学中翻转课堂的应用

一、翻转课堂概述

(一) 翻转课堂的概念

"翻转课堂"一词来源于英文词汇"Inverted Classroom"或"Flipped Classroom",通常是指重新地调整教学课堂内外时间的教学模式,从本质上来讲,就是学习的决定权不再属于教师,而是由学生掌握学习的主动权。

在翻转课堂教学模式的应用过程中,学生能够在课堂有限的时间内更专注地开展学习活动,教师也不会再耗费大部分的课堂时间去讲授信息。但是在课堂教学结束以后,学生需要自主地完成这些信息的学习,他们可以利用的方法有听播客、看视频讲座、阅读电子书,或者是通过网络同其他同学互相讨论。

综上所述,在翻转课堂教学模式下,不管什么时候,学生都能够对自己所需的材料进行查阅。教师同每一个学生进行交流的时间也得以增多。当课堂教学结束以后,学生就能够自主地对学习节奏、学习内容、学习风格与知识呈现的方式进行规划。

(二) 翻转课堂的特点

1. 教学视频的短小精悍

翻转课堂中的大部分视频只有几分钟的时间,而且每一个视频的针对性比较强,可以方便学习查找和检索;这种视频时长处于学生注意力比较集中的时间范围,同学生的身心发展特征相适应;在网络上发布的视频存在回放、暂停功能等,能够让学生自己进行控制,使学生的自主学习得以顺利实现。

2. 重新构建学习流程

学生的学习过程一般会有两个阶段,即传递信息和内化吸收。传递信息的实现需要教师与学生之间的互动、学生与学生之间的互动,内化吸收则需要学生在课堂教学结束以后自己完成。在学生自己完成的过程中,因为缺少教师的支持与同学的帮助，经常会产生挫败感，使他们丧失学习的动机与成就感，而翻转课堂的教学模式使学生的学习过程得到重新构建。

在翻转课堂教学模式下，第一阶段的传递信息是在课堂教学开始之前由学生完成的，而教师在提供视频的同时，也提供了在线辅导。第二阶段的内化吸收是在课堂教学开展的过程中由互动而实现的。对于学生存在的学习困惑与困难，教师应该提前进行了解，同时在课堂教学过程中对学生进行有效的指导，而学生与学生之间的互相交流活动，对于学生内化吸收知识的整个过程也能够起到一定的促进作用。

3.复习检测的快捷方便

当学生观看完教学视频以后，就会看到视频结尾处出现的几个小问题（通常是四个或五个），这些问题能够帮助学生及时检验自己的学习情况，同时，根据自身的学习情况做出合适的判断。如果对于这几个问题，学生的答案不是很理想，那么学生就应该回放一遍教学视频，仔细思考出现问题的原因。同时，教师应通过云平台，将学生回答问题的实际情况及时地进行汇总、分析与处理，以更加客观、全面地了解学生的学习情况。教学视频的另一个明显优势，就是能够在经过一段时间的学习以后，方便学生对学习到的知识进行复习与巩固。

二、体育翻转课堂的实施策略

（一）做好在线虚拟教学平台的建设

搭建在线虚拟教学平台的主要目的在于为翻转课堂的实施创造前提和基础，这一平台主要包括教学内容上传模块、师生交流与答疑模块、在线测试与评价模块、学习跟踪与监控模块、学习总结与成果展示模块等。体育教师通过这一平台，就可以上传与高校体育教学相关的微视频、PPT、音频等教学材料，还可以借助这一平台实现作业发布、在线测验、监控督促、在线交流、在线评价等；学生则可以通过这一平台进行学习材料下载或在线学习，并同体育教师之间实现及时的交流与沟通。

（二）注重评价机制的创新

翻转课堂教学模式下的高校体育教学评价不能限于传统的纸笔测验，评价内容、评价主体、评价标准和评价方法等都应区别于传统教学，否则，翻转课堂的实施就会流于形式。翻转课堂模式下的高校体育教学评价应该把"以评促学""以评促教"作为评价的主要目的,并将学生的进步程度作为评价的主要指标并注重多元化评价的采用,只有这样,评价才能既有针对性又不失全面性。多元化评价主要表现在评价主体、评价内容、评价方法、评价阶段等方面,紧紧围绕促进学生的学和促进教师的教两个方面,最终将提高教学实效作为评价的主旨。

(三)注重提高体育教师的综合素养

无论何种教育教学改革,教师始终是改革成败的核心与关键。作为信息化社会的产物,翻转课堂不仅仅是一种先进的教学理念,还是一种先进的教学方法,它对体育教师的综合素养提出了较高的要求。体育教师既是在线虚拟教学平台的搭建者、设计者和使用者,又是教学视频等学习资源的开发者和上传者;既是学生学习与实践的组织者、引导者,又是学生学习成果评价的设计者和评价者;既是学生在线学习情况的监控者和督促者,又是教学设计的完善者。

在高校体育教学改革深入发展的特殊阶段,在广大体育教师积极投身于高校体育教学改革的今天,依然应该谨慎地对翻转课堂教学模式的不足与优势进行审视,尤其要避免偏离翻转课堂的本质而过度追求形式的情况出现。

三、翻转课堂在高校体育教学中的应用

(一)高校体育教学中实施翻转课堂的价值探析

当前,翻转课堂在我国的兴起已经成为不争的事实,但对于翻转课堂的价值进行深入探讨似乎还未引起理论层面的重视。为了更好地应用和推广翻转课堂,下面对其在高校体育教学中的核心价值予以探讨。

1.翻转课堂使高校体育教学与信息技术的有机结合得到实现

在信息化社会的今天,学生的生活方式和学习方式发生了深刻的变化,借助手机、电脑等信息化平台进行学习和交流已经成为日常习惯,为适应学生在行为和习惯上的变化,教学信息化在所难免。

翻转课堂作为信息化社会的产物,它使教学与信息技术之间有机结合,高度迎合了学生的日常习惯,改变了传统课堂呆板的模式和形象,使学生的学习变得更加自然和有趣。体育教师通过上传视频、三维动画、PPT等丰富而直观的教学材料,设置系统有序的学习导航,加上教师对学生客观而有趣的在线评价和在线交流,一个有益于学生身心发展的教学环境被创建出来。这不仅有效增进了师生之间的情感,更提高了学生的学习兴趣和自主性,也为体育教师有效组织课中的

教学活动奠定了基础，对提高高校体育教学的实效性是非常有利的。

  2.翻转课堂有助于实现高校体育教学的精讲多练

  学生课中学习和练习的时间总量是一定的，新知识、新技能的学习耗时过多，学生从事体育练习的时间势必减少，体育课的健身性以及学生对知识、技能的掌握和内化就会大打折扣，因此，精讲多练符合体育课堂教学的要求。在翻转课堂模式下，课前，学生通过观看教学视频，对高校体育教学内容有了初步的认知，对体育学习中的难点进行感受，在遇到无法解决的问题时，学生通过在线交流平台及时反映给体育教师，这样教师就会对学生的课前学习情况有所把握；课中，体育教师依据学生所反映的问题进行针对性极强的讲解或个别指导，不需要对每个问题都进行讲解，这样就省去了很多讲解的时间，学生在课中进行体育实践的时间就被延长，精讲多练的目的自然就达到了。

  3.翻转课堂使高校体育教学要素的优化组合得到实现

  从高校体育教学要素的层面上来讲，翻转课堂同传统的高校体育教学模式之间存在的区别并不是很明显。对于翻转课堂而言，它主要是利用科学合理地重构高校体育教学要素来使高校体育教学的效能实现增值。之所以将翻转课堂判定为一种革命性的高校体育教学方式创新，主要是由于此种教学模式在对高校体育教学要素的各种功能进行准确定位的情况下，体育教师与学生的主体性地位得到了转换，使体育课程的资源得到拓展，促进了高校体育教学目的、高校体育教学方法手段与反馈机制的合理调整，对学生体育学习的良好环境进行创设，进而从质的层面改变高校体育教学的形态与结果。同时，需要注意的是，翻转课堂在组合高校体育教学要素的问题上并不是固定不变的，而是动态的，不是呆板的，而是灵活的。在高校体育教学的实践活动中，按照实际的需要，体育教师对于各教学要素间的组合关系可以随时进行调整以保证特定高校体育教学目的的实现。

  4.翻转课堂能够促进高校体育教学中素质教育的实施

  素质教育的主要目的是对于受教育者的综合素质进行全面提高，而值得注意的是，综合素质的提升离不开人的全面发展，同时，对于学生个性的培养，也不能忽略。个性的完善，不仅是素质教育开展的价值理念，也是素质教育的目标理念，培养个性、促进人的全面发展是素质教育的真谛。

  在翻转课堂教学模式应用的过程中，学生的学习目标是统一的，同时，按照学生的具体实际，体育教师可以制定学生的个体目标。通过对在线高校体育教学视频的观看，可以保证学生自主学习的实现，按照学生的学习能力来确定高校体育教学视频的观看次数，而按照学生的学习基础来由学生自主选择观看的内容；

从反馈问题的层面上来讲,通过在线交流平台,学生能够将学习中的问题随时向教师反映,同时,获得教师的及时教导;从学习评价的层面上来讲,体育教师对于学生进行评价的根据是学生的进步程度,同时将小组评价和个人评价融入最终评价结果之中,这种评价模式有助于让学生明确在学习过程中的优点和不足,并时刻感受到自己在不断提高。可见,翻转课堂这种个性化的教学模式对于学生端正学习态度、激发学习兴趣、提高沟通能力、培养正确的价值观、促进学生的全面发展都是有益的。

(二)将翻转课堂教学方法引入高校体育教学的全新高校体育教学模式

常说的高校体育教学模式主要是指在一定高校体育教学理念、高校体育教学思想的引导与高校体育教学理论的指导下,建立的各种各样高校体育教学活动的基本框架或者基本结构。一般来讲,高校体育教学模式主要包含了多种要素,即高校体育教学理论依据、高校体育教学原则、高校体育教学程序与学习程序、教学资源与实现条件,以及高校体育教学效果评价,等等。将翻转课堂教学方法引入高校体育教学的全新教学模式具体包含以下几个方面的内容。

1.高校体育教学的理论依据

高校体育教学中应用翻转课堂的教学模式主要的思想基础是"先学后教"思想,对于高校体育教学活动中学生的教学参与与学生的主体性进行强调。从高校体育教学的特征与行为心理学原理出发,对高校体育教学的程序进行确定,具体是"视频学习—联系、吸收与理解—视频回顾—互动反馈—强化实践—学习、掌握",并且在这样循环、反复的高校体育教学过程中,对于行为目标进行有效塑造;同时,按照学习的过程与教学的实际效果、学习主体对体育"教"与"学"的活动过程进行不断的完善与创新,促进预期高校体育教学目标与学习目标的实现。

2.高校体育教学的目标与原则

为了能够保证高校体育教学目标的顺利实现,对于将翻转课堂教学方法引入高校体育教学的全新高校体育教学模式而言,其教学原则应该是体育教师遵照学生的认知水平与心理发展特征,加工整理高校体育教学内容,将高校体育教学设计、制作得通俗易懂,同时紧密地联系学生已经掌握的认知结构,选择优质的适宜高校体育教学的视频。高校体育教学应构建一个宽松的、民主的、轻松的交互式学习社区或网络教学平台,及时地掌握学习反馈信息,并能够有效地发现问题、解决问题;在对总体学习情况进行把握的条件下,对于个体学习发展的过程给予重视，充分发挥高校体育教学过程与学习过程中学生的主体性作用，尽可能地使学生自己发展，自己分析与解决存在的问题，同时对于自我认识、能力与技能进行深化、拓展。

3.高校体育教学程序与学习程序

将翻转课堂教学方法引入高校体育教学的全新高校体育教学模式，其主要基础是优质的交互学习社区与视频资源，因此，可以将高校体育教学程序与学习程序进行如下设计：预习高校体育教学内容—有针对性地观看高校体育教学视频，再进行示范、讲解—激发学生学习动机，发现学习过程中存在的问题—在课堂教学中由教师讲授新课，解答学生的疑惑，并进行示范—由学生自主进行练习与实践，巩固体育学习效果—对体育学习效果进行反馈，由教师、学生进行评价—通过资源拓展完善、知识和技能结构，以及反复练习实践加强对知识的理解，提升训练效果。

4.高校体育教学的实现条件和教学资源

近些年来，慕课教学平台的快速发展与互联网的广泛普及，为翻转课堂高校体育教学模式的实施创造了良好的条件。然而，对于现代高校体育教学来讲，我国的高校体育教学相关视频与学习资料还是相对较少的，所以，我国的体育教师应该从体育课程与教学内容出发，自行制作与设计高校体育教学资源。对于高校体育教学内容而言，应集中于理论教学内容与动作讲解、演示的视频，以保证体育练习活动的可理解性与课余训练活动的实践性。此外，体育教师在组织学生观看教学视频、开展练习活动和训练活动的同时，还要保证在交互社区体育教师能够对于学生的疑惑及时地进行解答、讨论与指导。

5.高校体育教学效果与评价

将翻转课堂教学方法引入高校体育教学的全新高校体育教学模式的实施能够使学生体育学习的兴趣得到激发，使学生自主发现、学习、探索、分析、解决问题的综合能力得到培养，同时促进学生技术和技能的提升，还能够有效促进学生自主学习能力、社会发展适应能力、互相合作能力的发展与培养。体育教师应该通过交流与活动对学生的学习情况和进度进行实时了解，还要对反馈信息进行及时掌握；同时再从所获得的情况出发，适当地进行引导，充分调动并鼓励学生的学习积极性，在高校体育教学与讲解活动开展的过程中，针对不同的学生因材施教。将翻转课堂应用在高校体育教学中的相关活动适宜于小班教学，而在大班教学中较难实施。而对于学生的评价而言，需要注意的是，它同其他文化课程是不同的，在对其学习好坏进行衡量的时候，不能单纯地将考试成绩作为标准。在学校高校体育教学中,应该始终坚持"健康第一"的指导思想,同时,还要在体育考试的各个环节中渗透"健康"的标准,对于标准化的项目应该适当地减少技能考试;还要有效改进高校体育教学的评价标准,尽可能地避免学生由于害怕考试而出现的厌学心理与逆反心理。此外,对于学生应该积极地引导,使他们加强对高校体育教学的相关认识,促进学生体育锻炼良好习惯的养成,并且积极构建同高校体育教学目标相适应的人性化测试方法。

参考文献

[1]戴信言.高校体育教学多种模式的探索[M].北京：中国原子能出版社,2016.

[2]刘晓媛.高校体育教学模式创新性研究[M].长春：吉林人民出版社,2019.

[3]李鑫,王园悦,秦丽.体育文化建设与高校体育教学模式研究[M].北京：中国纺织出版社,2019.

[4]张丽蓉,董柔,童舟.人文精神视阈下高校体育教学模式的理论构建[M].北京：中国纺织出版社,2019.

[5]樊汶桦,董旸.高校体育教学模式改革及科学管理研究[M].长春：东北师范大学出版社,2019.

[6]王龙龙,李蓓,黄良.以就业为导向的高校体育教学模式改革研究[M].长春：东北师范大学出版社,2018.

[7]吴新炎.基于体质健康视角的高校体育教学模式研究[M].北京：中国原子能出版社,2017.

[8]陈连华.现代高校体育教学及其模式创新[M].西安：陕西旅游出版社,2020.

[9]张德荣.高校体育教学的多维模式与应用[M].延吉：延边大学出版社,2019.

[10]朱明江.新时代高校体育教学理论解析与模式创新研究[M].北京：中国水利水电出版社,2021.

[11]曾超凡.高校体育教学的多维模式研究[M].北京：中国原子能出版社,2018.

[12]马鹏涛.高校体育教学改革创新与科学化训练研究[M].北京：新华出版社,2018.

[13]向政.高校体育教学方法改革与创新[M].北京：光明日报出版社,2016.

[14]邓翠莲,李东鹏.高校体育教学创新研究[M].北京：九州出版社,2020.

[15]杨秀清,任静,于洪波.高校体育教学创新方法论[M].北京：中国石化出版社,2019.

[16]李鹏举.高校体育教学创新与运动训练研究[M].长春：吉林出版集团股份有限公司,2020.

[17] 马顺江."互联网+教育"背景下高校体育教学创新思路研究[M].沈阳:辽宁大学出版社,2020.

[18] 黄廉.高校体育教学创新和管理创新[M].延吉:延边大学出版社,2018.

[19] 刘伟.高校体育教育创新理念与实践教学研究[M].北京:九州出版社,2019.

[20] 谭君,梁晓东,孟焕.现代高校体育教学理念创新研究[M].长春:东北师范大学出版社,2016.

[21] 贺飞.多元教育理念下高校体育教学发展研究[M].长春:吉林大学出版社,2018.

[22] 张娜.高校体育教学新理念与实践研究[M].长春:吉林大学出版社,2016.

[23] 宋涛.高校体育教学新理念与实践探究[M].北京:光明日报出版社,2016.

[24] 夏越.现代高校体育教学研究[M].北京:北京理工大学出版社,2019.

[25] 谷茂恒,姜武成.高校体育教学评价体系的构建[M].北京:航空工业出版社,2019.

[26] 周怀玉.未来高校体育教师必备素质研究[M].长春:吉林文史出版社,2017.

[27] 杨景元,董奎,李文兰.体育教学管理与教学现状[M].长春:吉林人民出版社,2019.

[28] 任婷婷.高校体育教学管理改革与模式构建[M].长春:吉林大学出版社,2017.

[29] 曹宏宏.高校体育与健康课程教学实践改革研究[M].长春:吉林出版集团股份有限公司,2018.

[30] 史振瑞.移动健康和智慧体育:互联网+下的高校体育革命[M].天津:天津社会科学院出版社,2018.

[31] 受中秋,王双,黄荣宝.高校体育教育发展与改革探究[M].长春:吉林大学出版社,2018.

[32] 张劲松,张树巍.高校体育管理理论与实践[M].沈阳:东北大学出版社,2016.

[33] 张微,都达古拉,马英.现代高校体育综合课程理论与实践研究[M].北京:九州出版社,2017.

[34] 张义飞,刘俊,刘鹏.大学体育[M].长春:吉林大学出版社,2018.

[35] 杨乃彤,王毅.高校体育教学创新及运动教育模式应用研究[M].北京:九州出版社,2020.